CONVIVER MELHOR

Como relacionar-se harmonicamente com diferentes personalidades

Francisco do Espírito Santo Neto
ditado por Lourdes Catherine e Batuíra

CONVIVER MELHORARe

Como relacionar-se harmonicamente com diferentes personalidades

14ª edição

1ª edição: junho de 1999

Dados Internacionais de Catalogação na Publicação (CIP)4(Câmara Brasileira do Livro, SP, Brasil)

Batuíra (Espírito) .
Conviver e Melhorar / pelos espíritos Batuíra e
Lourdes Catherine ; [psicografado por] Francisco
do Espírito Santo Neto. -- Catanduva, SP :
Boa Nova Editora, 1999.

ISBN 85-86470-05-8

1. Espiritismo 2. Médiuns 3. Psicografia
I. Lourdes Catherine. II. Espírito Santo Neto,
Francisco do. III. Título.

99-2210 CDD-133.93

Índices para catálogo sistemático:
1. Mensagens psicografadas : Espiritismo 133.93

Impresso no Brasil/*Presita en Brazilo*

Francisco do Espírito Santo Neto
ditado por Lourdes Catherine e Batuíra

Conviver
Melhorar e

Como relacionar-se harmonicamente
com diferentes personalidades

Instituto Beneficente Boa Nova
Entidade coligada à Sociedade Espírita Boa Nova
Av. Porto Ferreira, 1.031 | Parque Iracema
Catanduva/SP | CEP 15809-020
www.boanova.net | boanova@boanova.net
Fone: (17) 3531-4444 | Fax: (17) 3531-4443

14ª edição
Do 80º ao 85º milheiro
5.000 exemplares
Abril/2016

© 1999 - 2016 by Boa Nova Editora.

Capa
Direção de arte
Francisco do Espírito Santo Neto
Designer
Cristina Fanhani Meira

Diagramação
Juliana Mollinari
Cristina Fanhani Meira

Revisão
Mariana Lachi
Paulo César de Camargo Lara

Coordenação Editorial
Ronaldo A. Sperdutti

Todos os direitos reservados.
Nenhuma parte desta obra pode ser
reproduzida ou transmitida por
qualquer forma e/ou quaisquer meios
(eletrônico ou mecânico, incluindo
fotocópia e gravação) ou arquivada em
qualquer sistema ou banco de dados sem
permissão escrita da Editora.

O produto da venda desta obra é
destinado à manutenção das atividades
assistenciais da Sociedade Espírita
Boa Nova, de Catanduva, SP.

1ª edição: junho de 1999 – 10.000 exemplares

Sumário

Introduções

11   Conviver e melhorar – Hammed

15   Agradecimentos – Batuíra

17   Apenas ouça – Lourdes Catherine

PARTE I – LOURDES CATHERINE

23   **Capítulo 1:**   Perfume de Deus

27   **Capítulo 2:**   Autêntica liderança

33   **Capítulo 3:**   O dom de expressão

37   **Capítulo 4:**   Melancolia

41   **Capítulo 5:**   Harpa silenciosa

45   **Capítulo 6:**   O calcanhar de Aquiles

49   **Capítulo 7:**   Nível de consciência

53   **Capítulo 8:**   O frio da incompreensão

57   **Capítulo 9:**   O calvário da indecisão

61   **Capítulo 10:**   Presunção

65   **Capítulo 11:**   Moléstia da alma

69   **Capítulo 12:**   O canto das sereias

73   **Capítulo 13:**   Bem-querer

77   **Capítulo 14:**   Exteriorizando a paz

81   **Capítulo 15:**   A doce brisa dos ventos

85 | **Capítulo 16**: Pão do amor

89 | **Capítulo 17**: Modelagens da vida

93 | **Capítulo 18**: Pensamentos indesejáveis

97 | **Capítulo 19**: Amor não correspondido

101 | **Capítulo 20**: A dor do abandono

105 | **Capítulo 21**: Estranho amor

109 | **Capítulo 22**: Lágrimas de decepção

113 | **Capítulo 23**: O voo de Ícaro

PARTE II – BATUÍRA

119 | **Capítulo 24**: Às ovelhas do Bom Pastor

123 | **Capítulo 25**: Nas lides da direção

127 | **Capítulo 26**: Lutas contra o tédio

131 | **Capítulo 27**: Êxitos e fracassos

135 | **Capítulo 28**: Edifício divino

139 | **Capítulo 29**: Saber ouvir para decidir bem

143 | **Capítulo 30**: Exigências incoerentes

147 | **Capítulo 31**: Trabalho de equipe

151 | **Capítulo 32**: Na área social

155 | **Capítulo 33**: Ideal comum

159 | **Capítulo 34**: Aqueles que desertam

163 | **Capítulo 35**: A cura real

167 | **Capítulo 36**: Entrevistas e triagens

171	**Capítulo 37**: Delegando serviços
175	**Capítulo 38**: Companheiros hipócritas
179	**Capítulo 39**: Autoridade e autoritarismo
183	**Capítulo 40**: Instruções claras
187	**Capítulo 41**: Elogios
191	**Capítulo 42**: Buscando recursos externos
195	**Capítulo 43**: Resistindo a mudanças
199	**Capítulo 44**: Forças ambientais
203	**Capítulo 45**: Princípios unificadores
207	**Capítulo 46**: Equipe juvenil
211	**Capítulo 47**: O poder de síntese
215	Índice dos principais temas

Conviver e Melhorar

Todos nós venceremos com mais tranquilidade os "solavancos da vida" quando reunidos em uma equipe espírita que nos encoraje a sensibilidade e o crescimento intelectual e, além disso, nos possibilite a descoberta da riqueza de nossos talentos inatos. Assim, estas páginas, que ora passamos às suas mãos, caro leitor, têm como objetivo levá-lo à aprendizagem de novas habilidades, fortalecendo as antigas e aprimorando sua capacidade de realização na lavoura do bem comum.

Observando uma **colmeia**, podemos aprender a nos organizar e a trabalhar em regime de cooperação, como fazem as **abelhas**. Com elas, aprendemos a **conviver** e a **melhorar**, pois são educadoras exemplares.

Desde os primórdios das grandes civilizações, essas laboriosas e minúsculas criaturas já eram reverenciadas e louvadas pelos homens, não só pelo eficiente sistema de divisão do trabalho como também pela perfeita comunicação entre elas por meio de sons e movimentos, relacionamentos harmônicos e comportamentos de extrema união. Resistem unidas a qualquer força que as ameace.

Operárias disciplinadas e infatigáveis, sublimam em mel a suave fragrância das flores, transformando sua morada em alegre ateliê, ou mesmo, em usina de artefatos de saúde.

As **abelhas** foram retratadas nas paredes dos palácios e templos, nos cetros e coroas, bordadas em fios de ouro nos mantos dos soberanos. Sua imagem sempre indicou riqueza, sabedoria, trabalho, organização e prosperidade.

Atendendo ao convite do Mundo Maior, Batuíra e Lourdes Catherine se propuseram a escrever sobre suas experiências junto às criaturas, ensinando-nos a entender aquelas pessoas que às vezes nos pedem ajuda, dentro ou fora da Casa Espírita; da mesma forma, a responder a elas, a conviver com elas e a aconselhá-las. Instruem-nos ainda a respeitar o desejo delas de sair de onde estão para onde querem ou necessitam chegar. A presença desses Benfeitores Espirituais nesta obra simboliza a interação **da razão com a sensibilidade**.

O princípio masculino ocupa-se eminentemente da determinação, da lógica, do cálculo, da força, da coragem, da proteção. O princípio feminino está associado à inspiração, às artes em geral, à melodia, às flores e ao simbolismo.

Lourdes Catherine retrata a alma compreensiva, representa a síntese das qualidades femininas, conduzindo-nos ao mais alto entendimento dos problemas humanos. Dialoga conosco sobre a sabedoria da Natureza, encorajando-nos a solucionar os conflitos de relacionamento e a conquistar a elevação espiritual.

Batuíra, apóstolo do Espiritismo, representa os diversos aspectos das qualidades masculinas – energia, ação e força. Dirige-se especialmente aos seareiros do Cristianismo Redivivo, com a finalidade de transformar o grupo espírita num saudável laboratório de relações humanas, para que seus elementos possam melhor servir nas tarefas da Nova Revelação.

Os autores pretendem auxiliar-nos a ter um bom relacionamento com nós mesmos, para que possamos lidar melhor com as personalidades difíceis que encontramos em nossa esfera familiar, nos ambientes profissional e social e, algumas vezes, no grupo de fé religiosa.

Não existem maridos e esposas, pais e filhos, dirigentes e dirigidos, amigos e parentes. Somos todos professores e alunos, partilhando a mesma Escola da Vida, aprendendo uns com os outros. Os papéis que representamos na atual encarnação são aspectos passageiros da personalidade humana, que ocultam a nossa essência verdadeira. Se pudermos enxergar o que há por trás dessa máscara transitória, aí então compreenderemos a razão de nossos relacionamentos – encontros, reencontros e desencontros; e descobriremos seu significado real.

Nossas necessidades de ascensão evolutiva atraem para nossas vidas indivíduos que têm interiormente fragmentos de lições ou de advertências que precisamos assimilar.

Nossos traços de personalidade são caracterizados pela forma costumeira através da qual percebemos o meio ambiente e a nós mesmos, assim como pela nossa habitual maneira de nos comportar e reagir diante do mundo.

O caráter distintivo das pessoas é um produto complexo das influências do meio em que viveram desde os primeiros dias como bebê (em alguns casos, mesmo antes, no próprio ventre materno) somado às predisposições inatas (resultado de vidas pretéritas).

Ninguém escolhe ter um temperamento complicado intencionalmente. Quem buscaria, de propósito, edificar para si uma personalidade hipersensível, obsessivo-compulsiva, narcisista, possessivo-agressiva, superdependente, maníaco-depressiva, excessivamente ansiosa ou obcecada por detalhes?

Precisamos compreender e respeitar as dificuldades de mudança das criaturas. Mudar implica longo processo de "demolição/reconstrução". Não se trata apenas de escutar certas regras de conduta, mas sim de desembaraçar-se de outras tantas acumuladas nas noites do tempo.

Portanto, com que direito decidimos o que está certo ou errado e impomos isso a alguém? Muitos de nós temos o hábito de dar "lições de moral" aos outros. Na vida, cabe-nos tão-só promover diálogos fraternos de ajuda mútua; encontros sinceros de alma para alma.

Por fim, despedimo-nos sentindo grande alegria pelo lançamento desta publicação e rogamos ao Mestre Jesus que nos guarde e ilumine cada vez mais, para que possamos entender melhor a vida dentro e fora de nós.

Hammed

Catanduva, SP, 6 de abril de 1999.

Agradecimentos

Inicialmente, queremos manifestar nosso agradecimento sincero a Deus e a Jesus por todas as bênçãos que nos proporciona a Codificação Kardequiana.

Os apontamentos aqui lançados representam os frutos humildes de nossas experiências no Grupo Espírita acrescidos de um sumário de anotações relacionadas à vivência de outros seareiros.

No nosso caso, além da satisfação e da honra de haver recebido lições de notáveis mestres, particularmente de Bezerra de Menezes, Emmanuel, Cairbar Schutel, Eurípedes Barsanulfo e de tantos outros benfeitores, é imensa nossa alegria de vê-los incluídos como companheiros de ideal e amigos devotados.

Não nos moveu a pretensão de escrever um "guia completo da boa convivência". Mesmo porque partimos do pressuposto que precisamos fortalecer muito ainda nossa compreensão, ideias e dedicação na aprendizagem da lei da interdependência e dos princípios cristãos de cooperação mútua.

Sabemos, no entanto, que há dias de difíceis exames, em que a tempestade da discórdia derrama, na lavoura da lide comum, desordem, desânimo, deserções e acusações. Assim refletindo, é que resolvemos oferecer, a quem se interessar, nossa parca contribuição.

Entendemos que os cooperadores do Bem fazem parte de uma só família atuando na intimidade do lar de Jesus. Em vista disso, colocamo-nos como um simples componente desse ambiente doméstico, cujo lema é trabalhar e servir sempre mais.

Se acaso não conseguirmos transmitir com fidelidade os conceitos que aprendemos com os bons e sábios instrutores da Vida Maior, queremos deixar bem claro que as falhas devem ser atribuídas apenas e tão-somente a este aluno desatento, nunca aos exímios professores do Cristianismo Redivivo.

Batuíra

Catanduva, SP, 23 de março de 1999.

Apenas ouça

Através destas mensagens desejo partilhar **boas novas** com todos vocês. São os frutos de minhas tarefas e contatos mediúnicos na Casa Espírita.

Por muitos anos ouvi pessoas de todas as idades e de ambos os sexos, e com elas aprendi a dar, receber e explorar o **universo da convivência**. Cada uma cooperou com uma nova **semente de sabedoria** no solo de meu coração.

No entanto, a cada dia que passa, encontro mais criaturas sequiosas de orientação, que buscam na mensagem espírita um alívio para suas dores físicas e morais.

Indivíduos inseguros que esperam defesa, doentes que pedem remédio, iludidos que buscam a verdade, ignorantes que necessitam de instrução, traídos que anseiam consolo, revoltados que reclamam consideração, médiuns que procuram esclarecimento e outros tantos que solicitam auxílio fraterno e refrigério para a própria alma.

Todavia, para que de fato possamos abrir o coração e orientar com eficiência, precisamos, antes de tudo, aprender a arte de bem ouvir.

Há alguns inconvenientes que interferem muito na compreensão dos reais sentimentos expressos pelo entrevistado. Ou ficamos muito presos às ocorrências em si, às reclamações e aos conflitos que ele apresenta, ou nos desligamos pouco a pouco daquilo que ele está revelando, e passamos a nos envolver com nossos próprios problemas e questionamentos.

Acabamos por não ouvir e muito menos identificar o que o entrevistado na verdade está querendo dizer.

Muitas vezes descobrimos que não orientamos as pessoas devidamente, porque deixamos falar primeiro os preconceitos. Não ouvimos nem auxiliamos, mas julgamos tudo, por eles.

Ficamos mais ansiosos para dar respostas, de acordo com aquilo que imaginamos, do que orientar pura e simplesmente, levando as pessoas a lançar mão de seu potencial e a resolver, elas próprias, suas dificuldades.

Apenas ouça. Na maioria das vezes, uma atenção silenciosa tem maior poder de consolo e cura do que mil palavras bem-intencionadas.

Ao entregar ao mundo visível estas mensagens, cabe-nos dizer que elas foram inspiradas unicamente nos ensinos renovadores e fundamentais do Espiritismo. Utilizamos como figura de linguagem o simbolismo das flores – um **código floral** usado na França do século XVII para presentear as pessoas, decorar praças e residências. Também lançamos mão da **mitologia grega**, com seu rico manancial de lendas, deuses e heróis, além de monstros horrendos, que representam, em verdade, as forças incontroláveis e ainda incompreensíveis da intimidade humana.

A vitória dos homens sobre essas "criaturas terríveis" simboliza sua capacidade inata para superar o medo primitivo do desconhecido, através da coragem, determinação, sensibilidade e inteligência.

"Ariadne" serviu-se de um novelo de linha para guiar os passos de Teseu pelos corredores escuros do labirinto[1]. Ao descobrir a ponta do **fio de Ariadne**, estará o homem iniciando seu autodescobrimento, porquanto capacitado para escapar da fúria do Minotauro – as forças desconhecidas de sua natureza íntima. Ele atingirá as portas da libertação, porque passará a compreender que Deus jamais esteve distante dele; ele é que não havia percebido em si a presença de Deus.

Orientados e orientadores, ouçamos uns aos outros. Pertencemos a uma só comunidade universal, suspirando pelo ensejo de vivermos reunidos na plenitude do amor.

Esperamos que cada leitor aprenda a viver Jesus Cristo por meio do Espiritismo. Doutrina que abrange todos os conhecimentos humanos, usa o critério lógico e a fé raciocinada para abrir ao homem, que se julga mortal, o mundo da imortalidade, tornando-o, assim, consciente de sua Vida Ilimitada.

Lourdes Catherine

Catanduva, SP, 19 de março de 1999.

---

[1] ***Ariadne*** *– figura mitológica, filha de Minos, rei de Creta, auxiliou Teseu a livrar sua pátria de vergonhoso tributo, que consistia em sacrificar jovens para alimentar o Minotauro. Ela serviu-se de um novelo de linha para guiar o herói através do labirinto tenebroso.*

Parte I
Lourdes
Catherine

1
Perfume de Deus

Fatores limitantes: Cultivei com exagero o hábito de pedir conselhos a meus pais e a meus amigos na maior parte de minha vida, mas nunca me senti satisfeita com isso. Tenho uma situação financeira tranquila e uma família sadia que muito me ama. Moro em casa extremamente agradável e compartilho amizades queridas. Mesmo assim, sinto-me muito infeliz. Sou vacilante e me deixo conduzir com facilidade, pois receio que minhas opiniões e decisões sejam incorretas. Ouvi dizer que a felicidade não é deste mundo. Devo atribuir meu desencanto de viver a essa afirmativa? Tenho que conformar-me passivamente?

Expandindo nossos horizontes:

A maioria das pessoas que se proclamam religiosas costuma afirmar categoricamente que **a felicidade encontra-se apenas em Deus**. Esquecem-se, porém, de que o Todo-Poderoso habita em tudo, inclusive nelas mesmas. Então, por que não começar a procurá-la em sua própria intimidade?

Não importa se as pessoas acreditem ou não em Deus. O fato de não O amarem ou de terem conceitos diferentes a respeito dEle, em nada altera a Sagrada Realidade em nós.

O Pai Supremo responde a cada um de acordo com sua

necessidade. Encontra-se a felicidade em forma de Toque Divino em toda parte. Na leitura de uma poesia, num buquê de miosótis, na visita amorosa a um lar de idosos, no aroma exótico dos jasmins, na colheita de conchinhas na praia, nos gestos de ternura. São muitos os momentos em que se pode ser venturoso.

Felicidade é sentimento íntimo. Os contextos exteriores nos quais você vive apenas o ajudam a entrar em contato com esse sentimento, já existente em sua intimidade; quer dizer, eles interpretam sua essencialidade divina.

Confie em sua sabedoria interior; só você pode decidir o que é certo para si mesmo.

O homem criou a linguagem para poder comunicar-se com os outros adequadamente. Descobriu que algumas expressões lhe permitiam pensar e agir com maior precisão e organizar melhor suas emoções. Planejou palavras que o ajudassem intelectualmente a cumprir certas funções e a administrar seu meio ambiente.

De início estereotipou na palavra felicidade o conjunto de satisfações dos sentidos, por acreditar apenas na existência do mundo das impressões exteriores em que se movimentava. Começou a agir como se todas as pessoas tivessem essa mesma visão estática e avaliassem a felicidade por esse mesmo estreito prisma.

É verdade que a maioria dos seres pensa de modo semelhante acerca da palavra felicidade. Usam-na constantemente para denominar um estado de completo bem-estar, contentamento e satisfação. No entanto, apesar da designação comum, ela se apresenta sob os mais variados aspectos, maneiras, situações, fatos e pessoas. Muitos acreditam que, satisfazendo suas carências afetivas, profissionais ou sexuais, tornar-se-ão plenamente felizes. Alegria não é o resultado de tudo aquilo que possuímos ou desejamos.

Felicidade ou infelicidade não resultam das circunstâncias, mas dependem de sua força de vontade e determinação. Se você aceitar isso como verdade, **assumindo a responsabilidade pela sua própria felicidade**, libertar-se-á da exigência dos requisitos da sociedade superficial e da falsa importância que o mundo externo lhe impõe. A partir daí, poderá encontrá-la com mais clareza e discernimento.

Quanto mais crer em sua "voz do coração", tanto mais nitidamente ela falará com você.

Olhando para dentro de si mesmo e analisando sua essência divina, que nunca falha nem se altera, você encontrará realmente a verdadeira alegria de viver.

As criaturas de consciência desperta compartilham e repartem seu contentamento. Aprenderam a amar os outros, porque amam a si mesmas. Desfrutam o tempo de forma singular: seus gestos de benevolência se estendem tanto a seus semelhantes como a si próprias.

As violetas, desde os tempos mais antigos, foram celebrizadas nas poesias, fábulas e narrativas. Shakespeare sempre as citava com admiração. São muito estimadas por seu aroma delicado.

Fazendo alusão às violetas e à sua fragrância, poderíamos dizer, em sinonímia quase que perfeita, que a felicidade é o perfume de Deus.

Lourdes Catherine

2
Autêntica liderança

Fatores limitantes: Frequento um Centro Espírita onde há enorme rivalidade entre dois grupos. É uma verdadeira guerra dissimulada entre duas pessoas. Uma quer continuar a ser o líder; a outra quer o lugar daquela, a qualquer preço. Por trás, existe um interesse mesquinho e particularista em servir e agradar os seareiros, a fim de conquistar simpatia e amizade e, como resultado, obter adeptos de uma causa própria. Como entender tudo isso? Qual deve ser minha posição num lugar onde se ensina união, solidariedade e amor e, no entanto, disfarçadamente, atacam e rebaixam uns aos outros?

Expandindo nossos horizontes:

O homem livre não precisa dominar outras criaturas, porquanto a liberdade é um sentimento oposto ao desejo de mando. Os dominadores são aqueles que não conseguem sentir-se valorizados como pessoa, a não ser quando estão dominando os outros. Quem é livre realmente não pretende ser mestre de ninguém. Descobriu que não é tão pequeno quanto pensou, nem tão admirável quanto gostaria de ser. Simplesmente resgatou a ideia de que é a principal autoridade em seu mundo íntimo, e não no mundo dos outros.

O ser liberto faz sua caminhada evolucional sabendo que a própria existência depende exclusivamente de sua auto-compreensão. Entendeu que, na **cidade da vida**, quando pensamos estar subindo a **rua da felicidade**, às vezes podemos estar descendo a **ladeira da decepção**.

Há diversas formas de se atingir uma liderança. Descreveremos apenas duas, para que você possa discernir a situação que vivencia: **a do líder nato e a do líder calculista ou produzido**.

O **líder natural** é criativo e engenhoso, traz das vidas passadas um manancial expressivo de experiências e conhecimentos. Essa liderança vem revestida de carisma, organização e equilíbrio na capacidade de comando. Identifica-se com os ideais de um grupo e os representa bem; é forte e objetiva, inspira confiança, pois sempre está segura do que realiza.

Talvez possamos fazer uma analogia entre os **líderes natos** e **Íris**, a mensageira dos deuses gregos. Ela, segundo a mitologia, aparecia para os mortais em forma de **arco-íris**. Esses líderes também são arcos coloridos e iluminados; fazem uma ponte entre a Terra e o Céu.

De modo geral, estão ligados a famílias espirituais, que lhes dão ampla assistência do plano invisível. Realizam, incansavelmente, uma tarefa de amor em consonância com as altas esferas a que se acham vinculados pelas leis de afinidade ou simpatia.

Aprenderam a ouvir para auxiliar, sem a presunção de resolver. Entendem em profundidade a função da dor e mantêm a fé sempre renovada. Possuem um bom humor extraordinário pelo fato de – tentando cumprir proveitosamente sua missão terrena – se acharem bem consigo mesmos.

Jesus Cristo é o exemplo magno da autêntica liderança.

Considerado o **Líder dos líderes**, reformou as regras religiosas e sociais da época, iluminando a Terra com sua sublime mensagem. Os que saem dos padrões rigorosos do convencional é que impulsionam o progresso da humanidade.

O líder nato é original, ou seja, é ele mesmo; não copia ninguém. Não se limita a seguir caminhos já percorridos; tem a capacidade de elaborar concepções novas e encontrar soluções inéditas para antigos problemas. A par disso, participa ativamente de todas as realizações da Casa Espírita, recebendo sempre com simpatia e sensatez quaisquer críticas ou sugestões destinadas ao aprimoramento das tarefas.

Os líderes calculistas ou produzidos muitas vezes são homens dominados pela paixão do comando e da autoridade. Valem-se da força e do discernimento que os líderes natos lhes emprestam. Depositam sua segurança neles, e não em si mesmos. Vivem à sombra das opiniões.

O **líder produzido** assemelha-se à **flor-de-lis**. Vaidosa, porque era usada como emblema dos reis de França. Cresce lançando seu olhar superior para as outras flores que a circundam, como um rei olharia para seus vassalos.

Comumente, encontra pessoas imaturas que o acompanham. É manipulador, mexe "os cordões de suas marionetes", usando-as em benefício pessoal e fazendo-as viver como robôs – sem vontade própria. Seus adeptos acreditam ser idealistas e autodeterminados, não se dando conta de que, por detrás das cortinas, existe alguém guiando o espetáculo, onde a estrela não é o ideal espírita-cristão, é ele mesmo. Esses seguidores desavisados são flores frágeis, medrosas e sem resistência; entrelaçam-se como trepadeiras nos outros, buscando segurança e equilíbrio.

Os líderes produzidos, que se utilizam do poder de persuasão por meio de uma voz meiga e amistosa, são paternalistas. Querem arrumar e resolver problemas que não são de sua competência, demonstrando empenho oportunista em relação ao bem-estar das pessoas. Instigam seus simpatizantes contra o inimigo imaginário, pensando, assim, obter união da equipe que dirigem.

Quando manipulamos o outro, atraímos para nós sua vida. Ele passará a fazer parte de nosso destino, com todos os seus problemas e necessidades. Dessa forma, são criados muitos elos entre pessoas que não têm afinidade, resultando disso situações complicadas e convivências desastrosas.

Esse tipo de liderança imita quase sempre outra, que atingiu o êxito que ela pretende alcançar. É severa condenadora, somente aceita as velhas interpretações com as quais está acostumada, não consegue vislumbrar conceitos inovadores nem criar situações novas.

As rivalidades começam, em muitas circunstâncias, quando admiramos alguém e não conseguimos ser como ele. A discórdia inicia-se não por causa da antipatia, mas porque essa pessoa é um espelho onde vemos o que gostaríamos de ser e não somos.

Você me pergunta como deve entender tudo isso? Eu lhe peço que compreenda que você participa de um grupo de seres humanos em busca de crescimento; não de uma assembleia de anjos.

Tenha como ponto pacífico a condição humana e encontre o lado positivo em todas as ocorrências e situações que a vida lhe apresentar. As maiores oportunidades de aprendizagem surgem em nossa vida disfarçadas em desafios e dificuldades.

Não se atenha de forma exclusiva à crítica; lembre-se de que dias sombrios surgem ocasionalmente, mas no final podemos retirar as vantagens do entendimento.

Sabemos que o ser humano está em constante processo de aprendizagem; em vista disso, todos podem aprender a liderar convenientemente. **A poda, o corte de uma haste floral**, embora pareça não seguir nenhuma regra, deve ser feita próximo ao tronco de onde a haste surgiu. **Corte a haste das intrigas e da maledicência de sua vida**, observe as pessoas e analise os fatos. Veja por si mesmo a fragilidade dessa situação. Examine os pontos fortes e os fracos e, dessa maneira, encontrará um **denominador comum** em sua equação existencial. Com essa conduta, você terá subsídios bastantes para tomar uma decisão prudente e sensata.

Lourdes Catherine

3
O dom de expressão

Fatores limitantes: Sou uma pessoa tímida e reservada desde a infância. Gosto de ficar sozinha por não me considerar capaz de fazer as coisas tão bem como os outros. Sou médium com várias atividades na Casa Espírita; porém, quando me solicitam uma prece ou um comentário sobre o Evangelho, fico muda de vergonha. Procuro esconder meu nervosismo, mas ruborizo com facilidade. Não suporto lugares onde há multidões; um misto de medo e ansiedade me domina, sempre que estou na companhia de outros. Quando essa fobia se manifesta, tenho palpitações e a impressão de que vou perder os sentidos. Quero saber como lidar com meu acanhamento?

Expandindo nossos horizontes:

Aceite o fato de que você é médium e de que sua sensibilidade é algo muito precioso em sua vida.

Sensitivos podem, na presença dos outros, experimentar diversas impressões – inexplicáveis sob o ponto de vista físico, mas espiritualmente compreensíveis – porque possuem uma constituição orgânica específica para recebê-las e transmiti-las com certa facilidade.

O corpo astral dos médiuns capta, através dos sentidos ("radares invisíveis"), todo tipo de energia emanada de outras pessoas ou lugares. A sintonia que se estabelece do encontro com essas mensagens energéticas de seres e de forças inesperadas e, às vezes, completamente desconhecidas é que causa esse tipo de fobia e ansiedade.

Em vista disso, procure criar um espaço vibracional a seu redor; uma câmara de proteção na qual você possa abrigar-se sempre que for preciso. Busque também desenvolver sua vida mental com a oração, leituras e meditações, examinando as correntes de pensamento, comparando ideias, mas pensando por si mesma.

Nunca queira ser mais nem se sinta menos que os outros. Você é tímida porque não reconhece seus verdadeiros valores nem aceita suas limitações. Quanto mais sufocar sua essência, mais aumentará sua timidez. Uma pessoa autêntica é espontânea, por isso cativa muito mais do que se usasse diversas artimanhas.

É lei da própria natureza: a flor se expressa através do perfume, os pássaros pelo canto, as árvores pelos frutos, o arco-íris pelas cores. A vida é a divina expressão de Deus.

O que é manifestado no exterior reflete o que ocorre no imo da própria alma. Os seres humanos têm grande necessidade de se exprimir por gestos, palavras, sentimentos. Na auto-expressão ocorre uma mostra explícita da individualidade – quanto mais consciente for a criatura, mais espontânea e desenvolta será sua atuação.

Se você colocar obstáculos ao dom da comunicação, dote natural de todo ser humano, será chamada de **pessoa sem eco**. Não quero dizer que, para se fazer entender, precise ser superdotada; mas simplesmente que se exprima da melhor maneira possível. Vale muito a chama de uma vela na escuridão.

Na religião dos antigos gregos e romanos, Eco era a **divinização do fenômeno acústico**; Juno – senhora do Céu e da Terra – a esposa do deus Júpiter e filha de Saturno.

Um certo dia Eco, famosa pela "arte de conversar", foi convocada por Júpiter para que entretivesse Juno. O poderoso deus queria ter mais liberdade e tempo para descer à Terra, pois dessa forma se livraria do controle ciumento e possessivo da esposa.

Eco obedeceu à ordem do soberano dos deuses, mas o estratagema foi descoberto por Juno. Enfurecida, voltou-se contra a pobre jovem e castigou-a impiedosamente. Privou-a de seu bem mais precioso – o dom de se expressar –, ordenando: "tu não farás da palavra senão um uso reduzido!"

Seria permitido a Eco somente repetir as palavras alheias e nunca mais poderia comunicar seus sentimentos e emoções a ninguém.

Apavorada com a terrível maldição, Eco, diante da vingativa deusa, ainda tentou dizer alguma coisa em sua defesa, mas de sua garganta nunca mais saiu som algum.

A bela moça, inesperadamente silenciada, abandonou a morada dos imortais chorando seu triste destino. Caiu numa tal desventura que só lhe restaram os ossos, transformados em penhascos e cavernas. Dela apenas restou a voz como efeito sonoro.

O castigo que Juno deu a Eco você está dando a si mesma. A relação da Divina Providência com o ser humano é semelhante a uma mãe embalando o filho nos braços. Ela sorri, fala, canta para ele, sussurra-lhe mil palavras ao ouvido, envia-lhe inúmeras mensagens através dos gestos e da tonalidade da voz. Assim também se processa o diálogo do Criador com suas criaturas. Portanto, deixe que se manifeste a inspiração que há em você; ela é como a névoa da manhã a espalhar-se em sua atmosfera espiritual.

Você, como todas as outras pessoas, é rica de inspiração. Para identificá-la, basta que abra as comportas da alma. Toda timidez é formada pelo desejo de agradar e pelo medo de não o conseguir. **É produto do orgulho e não da modéstia.**

Você fica ruborizada porque ninguém consegue controlar o corpo por completo. O corpo não mente. Mesmo que você procure esconder seus verdadeiros sentimentos por meio de atitudes artificiais, a expressão corporal denunciará sua impostura.

Transmita as melodias do sentimento e os musicais da intuição; eles estão presentes no concerto de sua própria vida.

A mesma força que você utiliza para conter seu dom de expressão é a mesma para soltá-lo na comunicação espontânea.

Lourdes Catherine

4
Melancolia

Fatores limitantes: Sinto uma tristeza profunda! Sou muito fraca e indefesa; estou aqui para você solucionar meu conflito! Sentimentos depressivos envolvem-me repentinamente, tornando-me incapaz de vencer esse estado de alma. Evito a companhia de outras pessoas, pois estou dominada por um desespero insuportável. Por mais que use argumentos racionais e lógicos, permaneço sem condições de reverter esse quadro sombrio. Tenho tudo para ser feliz, mas, infortunadamente, a ideia de suicídio não me sai da mente. Será que viver assim vale a pena?

Expandindo nossos horizontes:

Tudo que nos acontece é uma mensagem da Vida Mais Alta tentando equilibrar nosso mundo interior. Se desejamos sair do circuito do desespero e ir gradativamente resolvendo dificuldades e conflitos, comecemos por compreender que a nossa existência é controlada por uma Fonte Divina – perfeita e harmônica – cuja única intenção é somente a evolução das criaturas.

Reconheço que as dores íntimas são como prelúdios de um violino ferindo o peito profundamente. Mas lembre-se:

ninguém pode procurar nos outros um recado que está dentro de si. Aprendamos a ler essas mensagens impronunciáveis; elas são a chave da solução dos sofrimentos. As leis divinas estão em nossa consciência.

Hoje você busca livrar-se da melancolia, apegando-se às pessoas para que cuidem de você; mas haverá um dia em que perceberá que a busca é ineficiente, pois essa pessoa terá que ser você mesma.

Não se faça de fraca e impotente; retire de seus olhos a angústia e a aflição. Você pode transformar esse processo doloroso em fator saudável de crescimento e progresso.

Você gostaria de ser poupada dessa dor aflitiva imediatamente, mas não pode se esquecer de que ela é o resultado de atitudes negativas do passado que você mesmo criou. Somente através de crescente conscientização de suas concepções errôneas, ou de falsas soluções, é que poderá atingir o entendimento exato de seu sistema de causa e efeito.

Não basta mudar um mau comportamento irrefletidamente; é preciso mudar a causa que provoca esse comportamento. Apenas assim poderá efetuar uma autêntica mudança.

De início, não espere satisfação e felicidade imediatas, porque os efeitos negativos vão continuar cruzando o seu caminho – resultado de anos vividos entre padrões inadequados. No entanto, quando descobrir esses padrões e começar a modificá-los de maneira gradativa, automaticamente terá início a redução das sensações desagradáveis e aflitivas que você experimenta.

A alma, na agonia moral, é semelhante a um pássaro de asa partida: quer voar, mas não consegue. Só com o tempo ele se equilibra; aí, então, pode alçar voo perfeitamente.

A imensa decepção dos suicidas é perceber no Além que não podem fugir de si mesmos. **Problemas são considerados desafios da vida promovendo o desenvolvimento interior**. A autodestruição além de inútil, intensifica a dor já existente, por interferir no processo natural da existência terrena.

A alma humana pode ser comparada a um candelabro: acesas as chamas da verdade, dissipam-se as sombras da ilusão.

Todos temos uma tendência de culpar o mundo por nossas ações, comportamentos, emoções e sentimentos inadequados. Justificamos nosso desalento acusando indiscriminadamente, mas é preciso assumirmos plena responsabilidade por tudo o que está acontecendo em nossa vida. Devemos reconhecer honestamente que está em nós a fonte que determina e controla nossas ações e reações. Somos responsáveis tanto pela nossa felicidade quanto pela nossa infelicidade.

Perceba que você nutre uma falsa crença de que está totalmente indefesa e espera que alguém, ou o destino, traga-lhe uma milagrosa alegria. Acima de tudo, acredite: nenhuma destinação cruel está vitimando sua existência. Depende essencialmente de você o seu bem-estar, de seus esforços, de sua vontade de mudar, de sua autoconfiança e de um novo senso de força em sua vida interior.

Além disso, a compreensão espírita, acrescida da criação de uma nova visão interior, poderá gerar toda a satisfação que sua alma anseia, anulando os velhos pensamentos destrutivos que você nutria inadvertidamente.

Melhore seu íntimo; essa é a maneira mais eficiente de ser feliz. Podemos destruir o corpo, mas não temos o poder de acabar com a vida.

Quem faz a sua parte e deposita nas mãos de Deus todas as suas dificuldades alcança a tão almejada tranquilidade.

Lourdes Catherine

5
Harpa silenciosa

Fatores limitantes: Estou iniciando o desenvolvimento da mediunidade. Sou médium consciente e por isso estou inseguro quanto à veracidade do fenômeno espiritual que ocorre comigo. Estou perdido em meu mundo interno e (por que não dizer?) um tanto confuso. Tenho ideias geniais, mas, em determinados momentos, irreais e excêntricas. Não sei distinguir o que é meu do que é dos espíritos! O que eles dizem está certo ou errado? Devo seguir suas orientações em todos os momentos?

Expandindo nossos horizontes:

Os Espíritos Superiores não ditam normas de conduta a ninguém. Eles têm um enorme respeito pelo livre-arbítrio de cada um. Sabem que, na atual etapa evolutiva da humanidade, a compreensão da verdade é muito relativa. O que hoje se entende de uma maneira amanhã sofrerá mudança e aperfeiçoamento e se compreenderá de outra forma. Em face do avanço das ciências e das ideias, tudo se retifica continuamente.

... por isso que os Espíritos verdadeiramente superiores nos recomendam, sem cessar, submeter todas as comunicações ao controle da razão e da mais severa lógica.[1]

Sensibilidade mediúnica é uma "harpa silenciosa" criada pelo sopro divino para sonorizar as melodias da criatividade e da evolução espiritual.

Mediunidade é uma faculdade natural do ser humano e ocorre em determinado momento de sua evolução. É um fenômeno irreversível, quer dizer, não se pode evitá-lo, pois faz parte do desenvolvimento inato das criaturas.

O sentido da palavra desenvolver é **desenrolar, abrir ou libertar algo que estava envolvido**. Os botões de gerânio se formam inclinando-se para fora dos vasos ou descendo pelos muros de pedra, desabrochando suas pétalas pouco a pouco em forma de flor. As madressilvas, com seu perfume doce e suave, medram nos campos, transformando tudo a sua volta, num encantamento inebriante.

Podemos dizer que uma semente completou seu ciclo evolutivo quando se tornou um vegetal adulto. Nela havia em **gérmen** um potencial a se manifestar.

Em vista disso, concluímos que o princípio do perfume ou das pétalas está no âmago de suas flores, assim como as faculdades psíquicas existem no homem em **estado latente**. Temos o hábito de falar em **desenvolvimento de um programa**, porque ele também, no estágio inicial, começou de uma ideia, ou seja, de seu **embrião intelectual**.

Com a visão ampliada a respeito do significado linguístico dessa palavra, percebemos que nenhum desenvolvimento pode ocorrer de fora para dentro. Ele sempre tem início a partir de uma **potencialidade** já existente em estado natural.

Portanto, a mediunidade é apenas um canal inerente às criaturas, capaz de registrar mensagens das dimensões invisíveis da Vida.

Não se preocupe com sua consciência durante as comunicações. O médium é um filtro imprescindível ao pensamento do espírito comunicante e seus sentidos não podem ser completamente desprezados. As funções mentais, intelectuais, emocionais e espirituais do medianeiro somam-se às do espírito no ato mediúnico, produzindo a mensagem falada ou escrita.

Para que possamos identificar aquilo que é genuinamente nosso sentimento, ideia, pensamento e emoção, é preciso antes conhecer e compreender bem nosso mundo interior.

É óbvio que as leituras clássicas e as complementares da Doutrina Espírita vão auxiliar muito o desenvolvimento de sua mediunidade. Mas, antes de pedir opiniões aqui e acolá, procure analisar os fenômenos com seus critérios e valores mais íntimos.

A maneira mais segura de você não ser ludibriado pelos espíritos desencarnados e também (por que não dizer?) pelos encarnados, é não usar o senso comum, mas seu senso interior. Evidente que você o possui, e quanto mais você usá-lo, mais ele se tornará claro e eficiente, mantendo sua consciência desperta e evidenciando sua sabedoria interior.

Somos uma unidade físico-psíquico-espiritual e precisamos dar a cada coisa sua devida importância. Identificando de modo gradual nossos estados interiores, não seremos levados a confundi-los com os dos outros.

Identificar quer dizer registrar algo – um fato, um encontro, uma sensação, um lugar – que pode ou não pertencer à nossa identidade.

Para aprendermos o que é nosso, é necessário olhar para dentro de nós mesmos, com toda a clareza que pudermos, além do corpo somático, abstraindo-nos das ideias preconcebidas, dos sentidos externos e dos papéis que representamos na vida. Permanecendo nesse exercício de constante auto-identificação, veremos, pouco a pouco, o que estamos sentindo e absorvendo: as energias alheias, ou as nossas próprias sensações energéticas.

A identificação/desidentificação vai modificar nossa postura interior diante das pessoas e das situações exteriores, ou seja, iremos distinguir aquilo que pensamos ser ou pensamos sentir daquilo que realmente somos e sentimos.

A abertura da sensibilidade pode proporcionar-nos momentos de muito júbilo. Nossa ligação com os planos superiores da Vida se reverte num extraordinário repositório de lucidez e serenidade para o nosso coração.

O ser humano torna-se original apenas quando percebe o toque da inspiração divina em si mesmo.

Mediunidade é pupila invisível para vermos e admirarmos os espetáculos ocultos do Universo. É ver sem valer-se dos olhos, é saber antes de tomar conhecimento dos fatos.

Lourdes Catherine

---

[1] *"O Livro dos Médiuns" – 2ª parte, cap. X, nº 136. Boa Nova Editora.*

6

O calcanhar de Aquiles

Fatores limitantes: Estou sofrendo, há anos, de pequenos inchaços nas articulações dos dedos. Sou uma pessoa constantemente acometida por alguma enfermidade. Ora uma indigestão, ora uma enxaqueca, ora uma dor reumática. Na verdade, raramente estou bem. Eu era uma mulher gentil e alegre; hoje, costumo perder o controle por qualquer coisa. Quanto mais tensa ou nervosa, mais se agravam meus problemas de saúde. Essas doenças são provações relacionadas a vidas passadas ou será que estou sendo vítima de mandingas ou feitiçarias?

Expandindo nossos horizontes:

Doença é o produto final de um distúrbio profundo, ou mesmo estágio derradeiro de forças intrínsecas, desde há muito em atividade, que se corporificam no veículo físico.

A vida é energia. Sua saúde física, seus pequenos ou grandes gestos, seu tom de voz, seu comportamento, suas relações com os outros, tudo isso são fenômenos energéticos. Embora a enfermidade pareça tão cruel, não deverá ser analisada como tal; mas, se interpretada de forma correta, a guiará à supressão de crenças, pensamentos e atitudes incoerentes – autêntica origem de suas doenças.

Na mitológica Grécia, Tétis, filha de um deus, desposa um mortal, o rei Peleu, nascendo dessa união Aquiles. Tétis, no entanto, recusa-se a aceitar que a criança nascida de seu ventre não possa ter uma vida infinita, e busca um meio de torná-la imortal.

Com um manto, procura abafar o choro do filho recém-nascido e o conduz a uma clareira onde resplandece um fogo prateado, que surgia do nada. A mãe, meio amedrontada, retira o pequenino Aquiles de entre os panos e o mergulha nas chamas incandescentes e pálidas. Ele grita de dor, mas ainda não pode pedir socorro. Durante várias noites, Tétis expõe a bela criança às labaredas alvas e solitárias, curando logo em seguida suas queimaduras com ambrosia – manjar dos deuses do Olimpo.

A deusa sabe que só assim o filho conquistará a imortalidade; ela sofre, mas entende que pouco a pouco vai tornando Aquiles imune às doenças e à morte.

Na noite em que Tétis completaria sua tarefa, Peleu arranca-lhe a criança dos braços. Acredita que sua mulher seja uma criminosa desalmada. Apesar das súplicas, por meio das quais ela tenta explicar suas razões, ele se mantém completamente surdo. Demonstrando estranheza e incompreensão, enfurecido, foge com o filho.

Naquela noite, Tétis tornaria Aquiles invulnerável por completo. Infelizmente, ela não se lembrou de proteger-lhe o calcanhar, por onde sempre o segurava. Por ironia do destino, no cerco de Tróia, Aquiles, já moço, foi mortalmente atingido por uma flecha envenenada... no calcanhar.

Condói-me ver a penúria de sua alma. Mas compreenda que as enfermidades são corretivos que destacam ensinos inadiáveis que, de outra forma, não aprenderia tão facilmente. Elas jamais deixarão de existir até que essas lições sejam totalmente assimiladas.

Seu "calcanhar de Aquiles" são seus pontos vulneráveis – áreas de seu psiquismo suscetíveis ao desequilíbrio, bloqueadores do desenvolvimento de sua paz interior. Portanto, investigue calmamente seus comportamentos autodestrutivos. Apenas poderá alterá-los dia após dia, pois à medida que você se tornar consciente de como eles agem em seu corpo físico é que começará a transformá-los, ou seja, libertar-se de suas cruzes e lágrimas.

O rei Peleu, que era mortal, é o símbolo dos seres incapazes de ir além da visão material das enfermidades. Ocupam-se dos efeitos, não das causas.

O conhecimento que você adquire ao longo das experiências terrenas serve para desenvolver suas virtudes inerentes e extinguir tudo o que há em você de deficiente. Dessa forma, ele lhe proporcionará o controle pleno da vida.

A doença seria evitável se você pudesse perceber os erros que está perpetuando. Podem ser desta ou de outras existências. Problemas de saúde não são punições, mas atitudes negativas que você não modifica e que atraem sempre novos problemas.

O que acontece é que a criatura envenena os ares, tisna os lagos, polui os oceanos e depois culpa a Natureza. Se você corrigir seus erros através dos recursos mentais e espirituais que possui, não precisará passar pelas severas lições da insanidade.

Poucos seres humanos transitaram pela Terra isentos, desde o nascimento, da enfermidade. Temos como exemplo o Cristo, consciência liberta, vivendo a plenitude do amor. Os níveis superiores da vida não são atingidos pelos elementos venenosos que geram as moléstias.

O sintoma de sua patologia é uma **espécie de orientador** que a ajudará a tomar cada vez mais consciência de si própria. Esse sinal quer dizer-lhe coisas importantes; preste atenção no que ele lhe transmite, é um companheiro que de fato a conhece a fundo.

Pensamentos obscuros, destrutivos, mal-intencionados, mantidos constantemente, fazem seu corpo adoecer, ou mesmo, repercutem em todo o seu cosmo orgânico.

As toxinas não entram apenas através dos alimentos, mas também por meio de pensamentos e condutas inadequadas, que se transformam em energias negativas e vão se alojar no campo mental. Caso não sejam combatidas, poderão causar sérios danos ao corpo somático. Moléstias aparentemente inexplicáveis são decorrências do grande acúmulo de vibrações negativas no transcorrer do tempo.

É necessário limpar a mente e sanear o coração das emoções do pessimismo, dos preconceitos, dos complexos de culpa, dos murmúrios da inveja e das ansiedades. Esses sofrimentos cravados em sua alma são posturas em desalinho conservadas há muito tempo. **São "retalhos" de ilusão que você colecionou na "colcha" de seu destino.**

Confie nas forças divinas que regem sua vida. Se você quer uma psicosfera saudável, modifique suas atitudes íntimas; assim alcançará a cura definitiva.

Lourdes Catherine

7

Nível de consciência

Fatores limitantes: Sou por natureza uma pessoa de personalidade muito determinada. Estabeleço para toda a minha família firmes princípios religiosos a serem seguidos, mas parece que de nada adianta. Nasci numa época em que os pais é que sabiam o que era melhor para seus entes queridos. Sei exatamente o que meus filhos devem fazer e quais as boas qualidades que lhes faltam. Quero promover o desenvolvimento espiritual deles, porém não me ouvem, nem aceitam meu ponto de vista. Estou desgastado, perco sempre a paciência. Que devo fazer nesta situação crítica?

Expandindo nossos horizontes:

Quem vive num baixo nível de consciência tem uma visão primária e muito acanhada das pessoas, dos atos e dos acontecimentos. O discernimento ou a opinião que fazem sobre as coisas é estreita e rudimentar.

Há um ditado que diz: **a verdade é uma tocha que brilha nas trevas, mas não as extingue.** Esse adágio leva a entender que diferentes pessoas, num mesmo ambiente, podem perceber o mesmo fato de maneira divergente, e até mesmo antagônica.

A aurora boreal extasia com seu espetáculo fascinante

e encantador, mas para alguns é mero fenômeno que passa despercebido, sem valor algum. A brisa do mar é sempre aromática e revigorante, mas para determinados indivíduos é simplesmente vento inoportuno e incômodo, que despenteia os cabelos. Cada um vê a criação e as criaturas exatamente como vê a si mesmo.

Quando você estiver com a consciência desperta, notará com facilidade em todos os acontecimentos um roteiro ou um ensinamento de vida. Ficar atento a tudo que acontece, aos fatos interiores e exteriores, pode conduzi-lo a um autêntico caminho de realização, fazendo com que você encontre um verdadeiro **orientador interno**.

Conferências, cursos, métodos e disciplinas o ajudarão a iniciar a caminhada ascensional, mas lembre-se de que, para aprender a ver e discernir, você terá como requisito básico o aperfeiçoamento de seus potenciais.

Não menospreze as opiniões e os sentimentos de seus familiares, nem exija-lhes obediência absoluta. Respeite a individualidade de cada um e oriente seus parentes queridos com compreensão, sem usar **mãos imperiosas**.

A evolução ocorre de forma surpreendente quando as pessoas estão preparadas. Trata-se de processo que vai se desenvolvendo ao longo do tempo e que tem início quando elas mesmas se sentirem habilitadas. Não se pode reformar o mundo, apenas reformar o próprio mundo individual.

Quem tem olhos sensíveis e lúcidos enxerga nas ações humanas, mesmo nas que pareçam más, alguns valores positivos, e identifica nos erros oportunidades de crescimento. Ao contrário, aqueles que possuem os olhos turvos pela ignorância veem de acordo com o que eles realmente são em seu interior.

Como veria o Cristo nessa circunstância? É uma indagação sempre oportuna e conveniente em todas as situações. Entretanto, não devemos cair em uma angelitude ingênua, vivendo em um paraíso antecipado, crendo facilmente em tudo o que é dito ou mostrado pelos intérpretes intransigentes da vida cristã.

Os objetos exteriores nos estimulam à ação de formular ideias ou ativar o raciocínio, mas o que se percebe não se encontra nos objetos, e sim na mente de quem os interpreta. A qualidade da percepção não se acha nas coisas que vemos, mas, proporcionalmente, no desenvolvimento espiritual do indivíduo que examina.

Nossa forma de ver é uma riqueza que não se vende nem se compra, mas se conquista. O desrespeito é a verdadeira sepultura do discernimento do homem.

Seja acessível. Lembre-se de que o direito de cada um consiste nas resoluções adotadas conforme sua vontade, podendo ou não coexistir com o arbítrio dos demais. Esse é o fundamento da lei de liberdade.

Lourdes Catherine

8
O frio da incompreensão

Fatores limitantes: Às vezes, sinto que estou desamparado neste mundo. Faço o possível para manter boas relações com as pessoas; procuro ajudá-las e me esforço para perdoar-lhes. Tenho me dedicado semanalmente às obras assistenciais e às atividades doutrinárias. Sinto o "peso da responsabilidade" e parece que não vou suportá-lo. Tenho a sensação de que vou esmorecer. Apesar de minha perseverança no bem, por que continuo sofrendo as intempéries da vida?

Expandindo nossos horizontes:

Pessoas aprenderam que devem dedicar a vida aos ideais do amor, ocupando-se dos valores da bondade e dos gestos da fraternidade. Simplesmente isso bastaria? Será que agem assim por terem adquirido uma autêntica consciência crística, ou por obedecerem a mera prescrição religiosa, fundamentada num sentimentalismo superficial? Quais são os valores que mobilizam suas atitudes íntimas? O que as impulsiona interiormente?

Criaturas fogem dos desgostos da vida buscando um ideal maior para suportarem suas dores existenciais, mas não percebem que muitas vezes estão vivendo uma fantasia. Nutrem-se do produto de uma imaginação enganosa. Mais além, quando confrontam a realidade, padecem mais intensamente com a **morte das ilusões** recém-cultivadas do que com o próprio sofrimento em que viviam.

O caminho do conhecimento de si mesmo amplia a mente, desenvolve a razão e proporciona uma inteligência lúcida, retirando a consciência da alienação em que vive.

Quando você compreender que é uno com Deus, conseguirá sair de uma suposta vida de devoção, centrada em interesses imediatistas, para uma existência de realização plena com o Ser Onipresente.

Constitui o mais elevado grau de religiosidade a certeza de que Ele está em mim, e eu estou nEle.

Quando você faz o bem esperando recompensa e gratidão, imediatamente a ação é considerada interesseira e mercantilista. Portanto, não doe alguma coisa nem se dedique a alguém sob condições. Porventura o jasmim com sua alva cor, graça e elegância revela seu aroma inebriante pela obrigação de que lhe agradeçam por isso?

Por que você não se esforça para entender os mecanismos naturais do Universo?

A dor é, em si mesma, benéfica e tem por objetivo conduzi-lo ao equilíbrio. Se você pudesse perceber por si próprio os erros que está cometendo e corrigi-los, não haveria necessidade de atravessar rigorosas lições de sofrimento. Logo, sofrer não é castigo, é aprendizagem.

A questão é que você não quer aprender, mas unicamente livrar-se dos problemas, sem esforço e de forma milagrosa. Você quer prêmios e concessões divinas na prática de **ações bondosas**, não equilíbrio e entendimento.

A atuação mais importante que você pode ter em benefício de si e dos outros é conhecer cada vez mais a verdade e o amor em plenitude. O autoconhecimento o aproxima amorosamente de todos os seres humanos, sem distinção de credo, raça e condição social.

As dores aparecem como último recurso a ser aplicado. Elas apenas solicitam-lhe transformação interior.

Embora a **consciência exterior** não esteja certificada do motivo do sofrimento, julgando-o severo e doloroso demais, a **consciência íntima** irá guiá-lo para o curso da evolução espiritual, a qual todos estão destinados. Aceitar isso implica um passo importantíssimo para o autodescobrimento e, como resultado quase que imediato, o alívio; e, por fim, a cura definitiva.

Por maiores que sejam, ou por mais que pareçam intermináveis as horas cinzentas no inverno da vida, procure ouvir a mensagem oculta que elas nos trazem. O frio da incompreensão, que você carrega por dentro por não entender os mecanismos da Vida, pode ser muito mais atroz e desapiedado que os flocos de neve causticantes e gélidos que caem lá fora, nos dias de intenso inverno.

Lourdes Catherine

9
O calvário da indecisão

Fatores limitantes: Sou incapaz de decidir entre duas opções. Acredito que perdi minha "bússola interna", pois minhas opiniões são muito vacilantes. Não consigo ir para frente; estou petrificada no tempo. Pretendo fazer muitas coisas, mas não consigo; sinto-me envolvida por enorme insegurança. Toda vez que sou solicitada a tomar uma decisão, em casa ou no trabalho, sou acometida de inúmeras preocupações quanto a meu desempenho. Qual é a causa dessa falta de autoconfiança? Que devo fazer para encontrar meu "lugar no mundo"?

Expandindo nossos horizontes:

Se você fixa os olhos na perfeição, provavelmente nunca fará as coisas de maneira natural e tranquila. Somente aqueles que exploraram seu interior é que reconhecem a capacidade limitadora para decidir as coisas.

A realidade é semelhante ao trabalho de azulejar uma parede. Ela não fica pronta com a aplicação de um só lote de azulejos; cada caixa traz uma parte, e cada parte é assentada por vez. Peças distintas e de cores variadas são colocadas a cada novo dia até completarem a construção definitiva do painel decorativo.

Portanto, não seja temerosa e categórica em suas decisões. A resolução correta deve ser a experimental, não a definitiva. Isso não quer dizer que deva ser inconstante, mas maleável.

Em vista das diversas encarnações pelas quais passam todos os seres humanos, você há de convir que todas as coisas se transformam, e as criaturas também.

Sua vinda a este Planeta tem como objetivo um aprendizado constante. Você está se descobrindo por meio de inéditas experiências, e é natural sua vacilação e insegurança.

Através da análise de suas decisões erradas é que você ficará mais apta para agir acertadamente em suas próximas atitudes. Aprenda a correr riscos, assuma a condição de criatura humana e se desligue do fervor pela perfeição presunçosa.

Pessoas rígidas não conseguem conviver com a possibilidade de ter dúvidas. Precisam resolver tudo rapidamente. Por analogia, sua personalidade é uma lente desfocada da luz do equilíbrio; por isso se mantém num estado flutuante, dirigida inteiramente pela ambiguidade terrena, ou seja, vive sob a pressão da dualidade do certo e do errado.

Você encontrará na terapêutica espírita o autoconhecimento, a lucidez mental, a convicção e a estabilidade que tanto busca na vida. Esse encontro deve ser o primeiro passo; a seguir, estabeleça uma escala de valores morais/espirituais e exercite a confiança em seus impulsos interiores.

Alinhe a mente ao físico a fim de encontrar seu ritmo interno. Quando surgirem novas evidências que complementam os fatos (base de suas decisões), ajuste as conclusões e retifique as interpretações anteriores.

Será que você quer resolver as coisas apressadamente por medo de explorar novas ideias e conclusões? Sua visão interna deve estar receptiva para que veja em cada dia uma nova oportunidade para refazer atitudes e melhorar sua qualidade de vida.

A cultura religiosa ocidental é hoje predominantemente nutrida pela raiz do judaísmo. Não é, pois, de estranhar o fato de o homem contemporâneo estar convencido de que tudo que existiu antes do monoteísmo de Moisés não passava de paganismo, constituindo, portanto, um conjunto de ensinamentos heréticos que nada pode contribuir para sua busca de religiosidade.

Dificilmente se tem a ideia de procurar algo, em épocas e culturas mais antigas, que satisfaça às necessidades da alma humana ou amplie os horizontes de seu conhecimento espiritual.

Na mitologia, o herói Perseu, graças à orientação dos deuses protetores, partiu para a grande missão de sua vida. O filho de Júpiter seguiu para uma região sombria, onde o sol jamais penetrara; era ali a morada de Medusa, uma das Górgonas (monstros terríveis), que tinha sobre a cabeça, à feição de cabelos, um emaranhado de serpentes. Sabendo que mortal algum poderia olhar diretamente para ela sem transformar-se em pedra (entre outros, tinha o poder de petrificar as criaturas), o herói levou consigo um escudo polido que lhe serviria de espelho no ataque contra a horripilante inimiga. Perseu entrou na caverna guiando-se pela superfície espelhada do escudo. Quando a avistou, percebeu que dormia profundamente; aproximou-se pouco a pouco. Ao notar que Medusa havia acordado e ao ver seu pescoço refletir-se no metal do escudo, deu um só golpe certeiro, decepando a cabeça da mulher-monstro.

"Medusa" é a personificação do pensamento paralisado dentro da psique humana. Simboliza tendências das pessoas que jamais admitem uma falha e que, por ser inflexíveis, estão sempre indecisas e/ou desorientadas. Como têm medo de errar, petrificam a mente e não conseguem ir adiante. Bloqueiam a capacidade de realização e, como resultado, cerceiam seu desenvolvimento pessoal.

O jovem e corajoso "Perseu" significa a ação, a determinação e a valentia daqueles que têm a audácia de correr riscos para realizar sua missão terrena. É o ser consciente que admite ensaios e erros e sabe que é assim que se alcança o desenvolvimento espiritual. Aprende tanto com os erros quanto com os acertos. Essa verdade irá introduzi-la nos reinos da segurança e do bem-estar interior.

Do mito de Perseu e Medusa se pode deduzir que certos estados mentais destrutivos, cultivados durante muito tempo, acabam por dificultar a habilidade de ver com clareza, dissociando a mente e impedindo as pessoas de solucionar os problemas da jornada terrena.

Não seja uma prisioneira da infalibilidade, das experiências que não deram certo, das vivências difíceis do passado. Não continue remoendo todos esses acontecimentos; isso só dificultará um desfecho feliz e decisivo para seus desafios existenciais.

Lourdes Catherine

10
Presunção

Fatores limitantes: Sou um militante espírita há longo tempo. No momento, estou bastante preocupado em saber quando as pessoas assimilarão o significado verdadeiro de minhas palestras, obras e ideais. Fico apreensivo sobre quem e quantos irão compreender o trabalho que realizo junto à Espiritualidade. Sinto que nem todos conseguem reconhecer os sacrifícios que faço para concretizar essa árdua tarefa. Isso me aborrece muito! Quando receberei a aprovação que tanto espero?

Expandindo nossos horizontes:

Algumas pessoas passam um tempo enorme examinando as impressões que causam seu comportamento, trabalho e palavras, e avaliando, sempre ansiosas, como o seu desempenho afetará os ouvintes ou companheiros de ideal.

Ninguém está excluído do processo de aprender e crescer espiritualmente, pois a Vida Primorosa conduz cada alma de acordo com suas necessidades e exigências interiores.

O homem aprende, reaprende ou desaprende infinitamente. Quem quiser instruir-se, instruir-se-á. A aprendizagem ocorrerá através do meio mais adequado, conforme sua realidade pessoal e no momento apropriado, considerando sempre a receptividade e disposição íntima de cada um para captar a experiência.

O sono físico tem diversos graus de profundidade; de forma parecida também acontece com o sono espiritual. O grau de importância ou interesse que se dá às coisas corresponde ao nível de lucidez ou despertamento da criatura.

O que lhe chama atenção ou o que o atrai são suas aspirações interiores. De nada adianta abarrotar exaustivamente sua mente com episódios e narrativas, sem levar em conta sua intimidade evolutiva.

As coisas acontecem entre você e seu **público**, se assim poderíamos dizer. Há certos semblantes num auditório que sobressaem e certas almas que se destacam pela sua vibração. Elas o tocam e você as toca; houve entre vocês perfeita sintonia. A alma é o reflexo da Vida Mais Alta, e o olhar o reflexo da própria alma.

Se você conseguir que apenas uma criatura assimile a mensagem cristã e desperte para o bem, isso já será suficiente e gratificante para que possa continuar com tudo aquilo que está realizando e desenvolvendo.

Há homens presunçosos que se acreditam geniais; a vaidade é uma paixão muito exigente.

Não se deve esperar, em hipótese alguma, admiração ou reconhecimento pelos feitos pessoais ou realizações coletivas. Você pode, sim, se considerar um educador, mas deve averiguar o sentido desse vocábulo.

Derivado do latim, **educare** significa auxiliar, conduzir, possibilitar. É isso que o professor faz no processo de desenvolvimento das faculdades intelectuais e morais de seus discípulos, incentivando-os a cultivá-las e aprimorá-las, sem a presunção, no entanto, de que terá sido ele o realizador efetivo da aprendizagem.

Não são os sucessos e os resultados exteriores, nem a aceitabilidade social e religiosa que deve sensibilizá-lo, mas o aspecto interior de seus atos e ações.

Lembre-se de que aprovação também é uma forma de julgamento. Quando se aprova alguém, faz-se dele um julgamento positivo e, a partir desse momento, ele passa a não ter mais descanso, buscando sempre um empenho maior e uma atuação impecável. A mesma flor que hoje você recolheu do jardim lhe sorri exuberante; amanhã, porém, estará sem viço e expirando. Tomemos cuidado com as aprovações; elas podem ser retiradas a qualquer momento.

É preciso que você considere o que quer realmente: **que os outros se sintam bem e cresçam verdadeiramente, ou publicidade que o enquadre no rol de pessoas espiritualmente maravilhosas**.

Os que têm grande pressa de ser entendidos são, na verdade, aqueles que ainda não perceberam o valor do seu próprio trabalho, e anseiam realizar-se contando com o afã de que todos os compreendam completamente.

Não deseje ser um **centro das atenções**, mas dê atenção à energia divina, que lhe dá força e segurança. O egocentrismo dispersa sua vitalidade e o afasta da realização de sua jornada interior.

As verônicas crescem com naturalidade nas margens dos lagos e rios. Entrelaçam-se entre as cercas feitas de arbustos ou de estacas de madeira e cobrem na primavera as campinas verdejantes com suas flores azul-reluzentes. Para florescer, elas jamais esperam a presença de alguém por perto para admirá-las ou apreciá-las. Cumprem seu destino na Terra, **fazendo espontaneamente o que devem fazer**.

Na sua existência faça aquilo que há de melhor em você e entregue o produto de seu trabalho nas mãos dAquele que sabe o que fazer com esse resultado.

Lourdes Catherine

Conviver e Melhorar

11
Moléstia da alma

Fatores limitantes: Tenho distúrbios de comportamento, mental e emocional. Há muitos meses, venho tomando ansiolíticos e antidepressivos, mas nada melhora meu estado íntimo. Vivo sentimentos contraditórios: excesso de alegria ou de tristeza, agitação ou apatia, ideias fixas ou dispersivas. Disseram-me que estou obsediado. Sofro constantes crises de medo e de desconfiança sem motivo algum. Considero-me um ser humano bom; nunca fiz mal a ninguém. Por que sofro esse assédio impiedoso? Que fazer para livrar-me da agressão dessas entidades infelizes?

Expandindo nossos horizontes:

Sei que a fogueira da aflição queima junto a seu peito e você sente estranha aura ao redor de sua mente.

Enquanto você não assumir a responsabilidade por tudo o que lhe está acontecendo, não encontrará a verdadeira cura para sua alma. Não se deve criar um mundo de explicações falsas, culpando os espíritos pela infelicidade e desarmonia vivenciadas. Isso é distorcer o real sentido dos acontecimentos. Você não pode culpar os outros por suas emoções e sensações, sob pena de nada aprender sobre si mesmo. Aceitar a total responsabilidade por sua vida é a forma mais fácil de resolver dificuldades íntimas, mas certamente é uma tarefa que não se realiza da noite para o dia. A autorresponsabilidade e o significado verdadeiro das coisas submetem-se mutuamente; são itens existenciais inseparáveis.

Obsessão é moléstia da alma. Quando você compreender a simultaneidade que existe entre as influências espirituais negativas e seus atos e pensamentos íntimos, mais rapidamente dissolverá o elo existente entre eles. A lei da compensação se perpetua até que o homem tenha resolvido suas ações equivocadas e se engajado no legítimo fluxo das leis universais. **Para cada conduta ou atitude errada a natureza solicita uma contra-ação que a equilibre.**

Na vida estamos tecendo uma malha existencial. A cada nova situação se interligam os fios que começamos a utilizar nas experiências anteriores. Não podemos simplesmente anular o passado, mas podemos reformulá-lo e redirecioná-lo para a luz.

O percurso de um novo dia é, inevitavelmente, influenciado pelas experiências e ações dos dias precedentes.

A aflição para você tem **sabor de eternidade**, mas, em breve, ela poderá desaparecer. Basta procurar nos princípios espíritas os apontamentos lógicos e a exata orientação de que necessita para se libertar do desequilíbrio mental/emocional – causa principal de sua obsessão.

As reuniões mediúnicas auxiliarão em muito a higienizar e restaurar a atmosfera fluídica de sua aura, contaminada por energias deletérias ali armazenadas. Provavelmente, serão afastadas as entidades que atuam em seu dia a dia; mas se você não modificar seu modo de pensar e agir, abandonando suas limitações, elas ou outras companhias desagradáveis poderão retornar.

Sua mente guarda, zelosamente, fatos, informações, ideias e conceitos. Sua memória é o registro fiel de tudo quanto ocorreu com você através dos tempos, tanto no corpo físico como fora dele. Você cria a própria realidade com sua mente.

Na verdade, você "veste" as emoções e os pensamentos dos espíritos e coopera na assimilação das sensações aflitivas lançadas sobre seu corpo astral. Você é um canal de expressão, e em sua intimidade, estão todas as matrizes de seus desarranjos. Suas emoções são semelhantes às fases da lua: ora "crescente", ora "minguante".

Não se esqueça também de que você é o único responsável pelas forças negativas que sugam suas energias e tentam dominar sua casa mental. Não existe fatalidade em sua vida, apenas atração e repulsão, conforme sua afinidade.

Na esfera física como na espiritual só se percebe e age em um espaço delimitado, quer dizer, cada pessoa atua segundo seu grau de consciência ou em consonância à sua faixa vibratória.

Na **esquina da vida**, você é um pedinte que suplica a esmola da paz. Mas, lembre-se de que é igualmente uma usina de forças, recebendo, doando e assimilando o magnetismo de outros seres, encarnados ou não. Os espíritos desequilibrados que estão a seu redor apenas exploram suas fraquezas. Buscam pontos vulneráveis, envolvendo-o negativamente em seu baixo padrão vibracional. Portanto, ninguém tem o poder de transtornar sua mente, a não ser que você ceda diante da perturbação.

Quando você diz que é um ser humano bom, que nunca fez mal a ninguém, acredita estar vivendo um ato de injustiça. Porventura, já se perguntou: faço mal a mim mesmo? Será que respeito meus direitos pessoais? Considero minhas necessidades tão importantes quanto as dos outros?

Para você se livrar das agressões dessas entidades, procure encontrar a área de sua vida que está mais insegura e fragilizada. Reforce-a e inicie um trabalho interior.

Desfaça a necessidade de querer dos outros o que deve providenciar por si mesmo. Isso o aproximará da libertação. Pouco a pouco, a aflição que lhe atormenta os sentidos se esvairá, e experimentará uma força nova que brotará do seu interior, equilibrando seus sentimentos descompensados.

Lourdes Catherine

12
O canto
das sereias

Fatores limitantes: Sinto como se tivesse um cordão me apertando a garganta. Tenho dificuldade para engolir e, com frequência, me engasgo. Sofro de incômoda indigestão e de constante acidez estomacal. Os médicos não definiram um diagnóstico para esses sintomas; apenas prescrevem remédios para amenizá-los. Por orientação de amigos, fiz consulta espiritual com um médium que promove tratamento de doenças incuráveis. Recomendaram-me uma intervenção cirúrgica a cargo de médico do plano astral. Como devo me comportar? Tenho receio de estar sendo iludido e expondo minha saúde em risco.

Expandindo nossos horizontes:

O ideal supremo da moralidade grega era "conhece-te a ti mesmo". Esse ideal foi proclamado numa epígrafe colocada no frontal do templo de Apolo, em Delfos. Foi adotado por Sócrates e pelos maiores filósofos gregos e, na atualidade, é muito utilizado pela psicologia moderna como requisito na conquista do equilíbrio pessoal.

Inúmeros mitos revelam a complexidade da luta íntima vivida pelas criaturas, como, por exemplo, as tendências ao fascínio, isto é, a necessidade de enganar a si próprias ou a outras pessoas, por falta de total compreensão de si mesmas.

Pode-se dizer, com certa relatividade, que os mitos podem significar **a análise do conteúdo real dos acontecimentos, ou os sentimentos envolvidos nesses mesmos fatos**.

Nas rijas encostas dos penhascos à beira-mar, as sereias se arrastavam com dificuldade; a presença delas era anunciada por um murmúrio melodioso que chegava ao coração dos marinheiros.

As sereias eram apenas três, mas confundiam os homens como se fossem muitas. Filhas de Aquelôo, deus-rio, e de Calíope, habitavam uma ilha vizinha do cabo Pelore.

Para ouvi-las melhor, os navegantes expunham o corpo impensadamente sobre as águas, tentando alcançar a fonte de tão fascinante canto. Caíam no mar, suas embarcações despedaçavam-se contra os rochedos; seus víveres, utensílios e tesouros desciam para as profundezas do oceano.

Diz a lenda que durante séculos **as fascinantes cantigas das sereias desviaram os homens de seus caminhos**.

Você só se tornará saudável quando começar a se auto-observar e a certificar-se de que é o agente de seus pensamentos, ações e reações. Quando se tornar um espectador imparcial de tudo o que ocorre dentro e fora de você, chegará à conclusão de que está forjando sua misteriosa doença.

As pessoas não criam intencionalmente um sintoma; sua motivação é inconsciente. Em diversos casos, o paciente **escolhe** uma determinada moléstia porque ela representa a melhor simbologia para o mal que o golpeia.

Por definição, as percepções são o portal da alma. É através delas que você se liga ao mundo exterior, e como resultado passa a compreender melhor tudo o que acontece em seu íntimo.

Se quiser findar essa longa crise turbulenta, deve aprender a ficar aberto e receptivo a todas as suas emoções – origem de seu sintoma pungente. Seus sentimentos devem ser expressos, quer dizer, dirigidos para fora, não para dentro.

São considerados inadequados tanto o ato de conter-se como o de exceder-se na demonstração dos sentimentos. O ideal será aprender a equilibrá-los e a lidar mais conscientemente com seu mundo interior.

Certas agitações da alma atrapalham a capacidade do ser humano de "ingerir". Há coisas da vida que não se pode e também não se quer "engolir". A ingestão compulsória pode causar uma sensação de estrangulamento e muitas horas de amargura. Existem questões que ficam engasgadas – verdadeiros nós na garganta.

Isso está entalado em mim é uma frase comumente usada na dor oculta; mostra a relação entre os processos orgânicos e os somáticos. É preciso que você aprenda o que deve e pode aceitar em seu reino interno.

A Medicina Espírita é uma realidade incontestável. Equipes de médicos e cientistas de várias nacionalidades já provaram a eficiência da mediunidade de cura em casos de enfermidades irreversíveis. Intervenções cirúrgicas sem anestesia beneficiaram inúmeros casos drásticos e considerados insolúveis pela medicina convencional. Porém, há diferença entre mediunismo e Medicina Espírita. Esta última é racional e lógica, extingue sem alarde as chagas secretas. Os médiuns que a ela se submetem auxiliam nas pesquisas necessárias para o esclarecimento dos fenômenos que com eles ocorrem e também nos estudos de natureza científica que regem essa terapêutica.

As sereias podem estar cantando para você. Liberte-se dessa escravidão que costuma não ser admitida – as amarras da sedução. A verdade esparge luz onde mora o engano.

Não se prenda ao maravilhoso, ao curandeirismo e às promessas fascinantes que o induzem a uma solução imediatista. É entre as sombras espessas do **querer tudo fácil** que ficam os estigmas do sofrimento.

Perceba o visível como uma "forma de condensação" do invisível e, assim, poderá decifrar o seu significado. Pergunte a si mesmo: o que está acontecendo em minha vida que não estou querendo ver ou admitir? Por que razão estou nesta trilha escura?

Tranquilize-se. A noite espera o dia, a árvore o fruto; espere a paz entre as plantações do amor.

Talvez não saiba, mas o remédio para lhe restaurar as chagas do coração fatigado vem da farmácia da vida – dentro de si mesmo.

Lourdes Catherine

13
Bem-querer

Fatores limitantes: Ensinaram-me que **servir deveria ser o meu lema**. Outros, porém, disseram-me que, para poder ajudar as pessoas, eu preciso antes aprender a ajudar a mim mesmo. Ajudar a si próprio não é um interesse pessoal e egoístico, reprovável e inferior? Não devo esquecer de mim mesmo e voltar toda a minha atenção só ao amor pelos outros? Estou confuso! Como devo proceder para progredir espiritualmente?

Expandindo nossos horizontes:

A solidariedade virá como consequência do conhecimento de si mesmo. À medida que for investigando quem você é, poderá saber quais as verdadeiras razões que o levam a ajudar os outros.

Geralmente, as pessoas vivem adormecidas, sem ter uma consciência lúcida do sentido real da vida. São induzidas pelos outros, não sabem o que querem, o que estão fazendo e por que estão fazendo; e, quando sentem algo incomum, normalmente não procuram conhecer as razões desse sentimento.

Algumas criaturas buscam na ajuda ao próximo a **salvação das almas**; por isso, utilizam-se do seu **eu-crença**. Outras lançam mão de uma dedicação desenfreada, valendo-se do seu **eu-criança**, para suprir as carências de amor na infância e equilibrar sua existência enraizada em sentimentos de autodesvalorização. Diversos companheiros cooperam generosamente porque desejam ter um comitê eleitoral, ocupando-se do seu **eu-político**; enquanto muitos outros abraçam causas filantrópicas servindo-se do seu **eu-social**, para participar das condecorações e homenagens da vida comunitária. Você precisa saber quem é que o dirige: seus **eus aparentes** ou o **legítimo eu** que existe em seu ser profundo.

Quando se sente alegria mesclada com a satisfação de ajudar aos semelhantes, é porque se fez uma perfeita conexão com a alma. Tudo é espontâneo e natural. Assemelha-se à serena brisa que nos acaricia nos passeios por campos floridos.

Quando a solidariedade, entretanto, não passar de uma linda teoria intelectual, como vivenciam alguns, a entrega aos outros permanecerá difusa e restrita, porque a hipotética ajuda é prestada ao próprio **ego**, centralizado na realização de interesses imediatos.

São inúmeras as pessoas que, escravas da imagem que desejam ter de si mesmas, intensificam todos os esforços para alimentá-la. Muitas, presas às ideias medievais de céus e infernos, preocupam-se em ser boas aos outros para receber recompensas e evitar as penas eternas.

Ser caridoso com o intuito de conseguir uma bênção não é bondade. Cumprir os preceitos da benevolência por temor ao castigo não é a concreta prática do bem.

Os que são **bondosos** por causa da gratificação ou da punição divina são órfãos da plenitude do amor.

Se você ignora quem é, faz de suas ações uma demonstração aparente de generosidade, porque lhe falta consciência do reino de Deus que está em seu interior.

Se soubesse prestar atenção em seus mais íntimos sentidos – bússola divina a guiá-lo – talvez aprenderia muito mais sobre a beneficência.

Solidariedade é o sentimento que leva os homens ao auxílio mútuo; já o autoconhecimento, aliado a esse altruísmo, leva-os ao reconhecimento de que o templo de Deus está em toda parte, e não somente em lugares predeterminados. Percebem igualmente a presença divina nas pétalas de uma rosa, na sombra majestosa de uma vetusta árvore, no silêncio de uma prece, no borbulhar das fontes de águas cristalinas, na transcendência de um amanhecer, enfim nas obras da criação universal.

A ajuda a si mesmo durante muito tempo foi vista como egoística ou narcisista. No entanto, no auto-amor encontramos o elixir da vida, base de onde se origina todo o aprendizado do amor integral.

Quem aprendeu a amar a si mesmo vive em harmonia, em profunda compreensão das emoções humanas e distanciado das atitudes possessivas.

Portanto, conheça a si mesmo; assim, sua vida será um constante compartilhar, um compartilhar solidário sem exigir ou pedir qualquer recompensa neste ou no plano espiritual.

Quando você for convidado a fazer alguma coisa pelo mundo ou por seus companheiros de humanidade, precisa saber quem é que realmente o está motivando para esses eventos. Se tiver desenvolvido a autoconsciência, estará em contato com as verdadeiras razões e, dessa maneira, modificará de forma significativa o valor e a importância de seu bem-querer.

Lourdes Catherine

14
Exteriorizando a paz

Fatores limitantes: Busco a paz interior. Por isso, passo a vida me dedicando a agradar e socorrer os outros; mas, no final, sou sempre mal compreendido e mal interpretado. Ao ser criticado, fatalmente perco a pouca harmonia interna que havia conseguido, e me sinto "um nada". Tenho certa tendência para **agir sempre de forma irrepreensível**. Por que sou tão vulnerável às opiniões alheias? Estou cansado! O que devo fazer?

Expandindo nossos horizontes:

A paz se exterioriza nos olhos de quem aprendeu a arte de ser sincero consigo mesmo. A meta mais fácil do mundo para se alcançar é ser como somos. A mais difícil é ser como as outras pessoas gostariam que fôssemos. A serenidade interior é conquista de quem possui autolealdade.

A artemísia é uma planta balsâmica, de gosto amargo e utilizada como remédio. O sândalo é uma árvore de madeira resistente, da qual se extrai um óleo empregado em farmácia e perfumaria. Ambos são aromáticos e originários da Ásia, possuem algo em comum, mas têm utilidades completamente diferentes.

A Natureza refuta a igualdade. Jamais foram encontradas duas flores idênticas; as semelhantes se modificam com o passar do tempo. Até as folhas de uma mesma árvore são desiguais, assim como variável é cada amanhecer.

Para desfrutarmos a paz verdadeira, precisamos entender que somos um núcleo de vida distinto; vivemos em comunidade, mas, sobretudo com nós mesmos. Somente empregando de maneira responsável nossa capacidade de sentir, de raciocinar e de realizar, livre das interferências dos cegos instintos e dos laços de dependência, é que podemos nos apaziguar de modo essencial.

Não nos reportamos a isso para nos envaidecer ou diminuir os outros, e sim para que tenhamos mais consideração pelo nosso universo pessoal.

É preciso que nos perguntemos: quem escolhe o que penso e o que sinto? Quem determina como vou agir? Cabe-nos, portanto, o domínio de nossa vida, pois falsas identidades podem estar controlando-nos a ponto de desperdiçarmos energias imprescindíveis à nossa harmonia e segurança.

Dente-de-leão, no folclore da flora silvestre, significa vontade firme e lealdade aos próprios objetivos, por ser capaz de crescer em abundância em todos os períodos do ano, ou em qualquer campo ou terreno. Seu nome vem do francês, *dent-de-lion*. Essa flor amarelo-ouro apresenta como semente um talo de pelos brancos e sedosos que o vento dissemina com facilidade; por isso se reproduzem rapidamente.

Se você procura serenidade, assimile a linguagem de auto-fidelidade que lhe inspira os dentes-de-leão e, ao mesmo tempo, liberte-se dessa reação exagerada aos desejos dos outros.

Visualize a tranquilidade dos ambientes campestres. O vislumbre de uma tarde em lindo campo florido fala de paz a seu coração e o alivia prolongadamente.

Sua memória está repleta dessas associações, que seu dia a dia inquieto e intranquilo deixa muitas vezes escondidas em sua mente.

Paz é, acima de tudo, harmonia consigo mesmo; em seguida, com os outros. É harmonia com Deus e com a Natureza. **Paradoxo é almejar a paz e viver em discordância íntima.**

A Excelsa Criação deu-lhe a habilidade de realização através da Natureza, assim como outorgou às plantas a capacidade de florescer. Nenhuma árvore de sândalo necessita que um botânico lhe diga como produzir sua essência aromatizante. Se você quiser transluzir a paz, seja fiel ao que é, dando ao Planeta os frutos de sua própria natureza.

A verdade é que, por mais que você se esforce para ser justo e consciente, sempre haverá alguém que interpretará mal seus atos e atitudes. Ninguém consegue agradar a todos.

Confie em si mesmo, confie em Deus. Apenas Ele maneja os fios invisíveis e infinitos de toda existência humana.

Você encontrará a paz conscientizando-se de que cada um é uma ferramenta exclusiva e específica da Natureza, circunstancialmente trabalhando na Terra sob o Comando Divino.

Lourdes Catherine

15
A doce brisa dos ventos

Fatores limitantes: Esforço-me intensamente para atingir os altos padrões da Vida Superior. Nunca me permito satisfações ou divertimentos sem que tenha cumprido rigorosamente todos os meus deveres espirituais. Tenho uma noiva, mas não consigo entendê-la. Eu a amo muito, mas estou profundamente desapontado com ela por não viver de acordo com os meus ideais religiosos. Sou um reformador de almas. Quero incentivá-la a uma vida sublimada, porém ela diz que apenas quer viver uma existência normal. Vive sempre afirmando que sou muito crítico em relação a tudo e que criei uma imagem discreta de superioridade, que me afasta da naturalidade. Acusa-me de viver isolado num pedestal e, por isso, de não conseguir entrosar-me com ninguém, a não ser com aqueles que pensam como eu. Gostaria que os Benfeitores Espirituais a impulsionassem a concordar com meus objetivos elevados de atingir a espiritualidade.

Expandindo nossos horizontes:

A Natureza – cântico da perfeição de Deus – representa um longo itinerário no universo das criaturas. Em tudo existe segurança e estabilidade; desde as estrelas até os mais simples vermes.

O homem alcança a espiritualização quando se torna capaz de transcender, ou seja, de se relacionar com a Vida em seus fundamentos mais amplos e profundos. Essa potencialidade humana existe em todos os níveis da civilização.

Permanecer como ser humano é uma das fases que o

Criador destinou suas criaturas a viver. Recusar ser o que se é, ou mesmo, não viver essa etapa existencial seria o mesmo que negar os sábios propósitos da Providência Divina.

Para crescer e progredir espiritualmente não é preciso fazer nada fora do comum. Não é necessário executar coisas extraordinárias, mas simplesmente viver ou cumprir a normalidade da condição humana.

Você acredita que viver humanamente é viver na irresponsabilidade, no vício, na ilusão, no orgulho, enfim nas chamadas imperfeições terrenas. No entanto, a grande falha das pessoas, ou mesmo, o seu **"pecado oculto"** é viver longe do senso de realidade.

Jesus Cristo, Mestre Humanitário, é a criatura que viveu a mais primorosa e perfeita normalidade sobre a Terra.

Erroneamente, julgamos como anormais os feitos da vida de Jesus. Os prodígios de toda sorte descritos no Evangelho – suas curas "milagrosas", sua ampla capacidade de amar e compreender – nada mais eram do que manifestações normais, fruto de seu alto grau de desenvolvimento espiritual. Suas façanhas não eram contrárias às leis da Natureza, mas fenômenos naturais, velados somente aos olhos da ignorância, razão pela qual passavam por miraculosos.

Há uma enorme dificuldade em compreender que, para evoluir, ninguém precisa tornar-se santo, mas apenas ser um homem normal.

A criatura religiosa pode não ser necessariamente espiritualizada. Porque muitas religiões são verdadeiros catálogos de modelos e regras que dizem como se deve viver ou se comportar. Por isso, as pessoas ficam presas a uma infinidade de preceitos impostos, enquanto que o ser espiritualizado pensa e age por si mesmo e faz voluntariamente as coisas em seu cotidiano. Percebe a essência da Vida Mais Alta em tudo, quer dizer, vê o **"espírito da Natureza"**.

A evolução faz parte de um processo natural da humanidade. Decorre de múltiplas experiências conscienciais; vivências essas que produzem graduais e profundas mudanças na visão interior das criaturas. Não se cresce intimamente sufocando a espontaneidade, as energias inatas ou adotando um comportamento social de intolerância mesclado a uma aparência santificante. Renovação íntima planejada e imposta não transforma, somente artificializa.

Os trigais não buscam orientação nos palavrórios afetados e pomposos, aos formalismos radicais, nem pedem permissão para as filosofias extremistas da Terra – simplesmente produzem o grão de trigo.

Os poetas gregos e romanos descrevem a união de Flora, a divindade dos vegetais, com Zéfiro, o vento Oeste.

Diz-se que um dia ambos se encontraram: a "senhora da primavera" recuou amedrontada e, num gesto de brandura, estendeu as mãos sobre plantas e flores para protegê-las do ímpeto destruidor de Zéfiro.

Ele tinha como único prazer desacatar a Natureza, danificar as florestas, devastar as plantações, arruinar as flores com seu sopro devastador e impiedoso.

Todavia, ante a luminosa beleza de Flora, a divindade do vento refreia o sopro, enamorando-se ternamente por ela. Após esse encontro, ele não mais se empenhou em desrespeitar a Natureza – a protegida de sua amada.

Embora apaixonada, Flora recusa triste a corte de Zéfiro; teme a sua índole tão diferente da sua. Para não perdê-la, ele promete aprender com o **equilíbrio da Natureza** a paciência e a serenidade do reino vegetal.

Então, na festa de núpcias, entre cores fulgurantes e perfumes dulcíssimos, une-se Flora a Zéfiro. E desde esse acontecimento, o vento Oeste passa a ser apenas uma doce brisa que tremula as pétalas das roseiras e a ramagem das campinas.

Observe na cartilha da Vida: a fonte nasce de um humilde filete de água para transformar-se um dia em enorme rio que descansará, futuramente, na glória dos oceanos.

O amor e o respeito à Natureza produziram uma verdadeira metamorfose na mentalidade de Zéfiro. Importante notar que ele continuou sendo **"vento"**, porém transformado agora em **"branda aragem"**. Aqui está uma expressiva alegoria para todos aqueles que se candidatam à espiritualização.

Lourdes Catherine

16
Pão do amor

Fatores limitantes: Sou homossexual. Esse foi meu segredo desde criança. Até algum tempo, não ousava mencioná-lo a ninguém. Desde cedo aprendi como lição vital que minha sobrevivência dependia de um bom disfarce. A pressão social levou-me, contudo, a fazer drama de minha própria situação – vivia confuso acerca de mim. Algumas vezes, cheguei a me considerar uma má pessoa, quando não ridícula. A sociedade, de modo geral, é cruel e sarcástica em relação à minha identidade sexual. Aprecio muito a leitura espiritual. Gostaria de melhorar-me interiormente trabalhando na Casa Espírita, porém receio ser discriminado. Busco ser feliz, isso será possível?

Expandindo nossos horizontes:

Não se preocupe com o que os outros pensam de você. Busque alimento em sua essência divina; isso é o que verdadeiramente importa.

Quanto mais você se sentir um espírito imortal, filho de Deus em busca de ascensão evolutiva, quanto mais se sentir uma pessoa digna de ser feliz como outra qualquer, ocupando uma provisória roupagem física na Terra, mais estará perto do autêntico conhecimento existencial.

Algumas pessoas podem ser comparadas às flores silvestres.

Sua sensibilidade e ternura nem sempre são percebidas, muito menos valorizadas. Mas se essas flores forem colhidas e examinadas com atenção e carinho, é quase certo que serão notadas suas proporções e combinações harmônicas e especiais – elas têm uma beleza incomum.

Os que aprenderam a amar realmente olham para além das aparências e das limitações corpóreas e buscam o conhecimento da verdade, o qual muitos nem se preocuparam ainda em procurar.

Há beleza nas flores silvestres que crescem casualmente em meio dos imensos campos de cereais.

Se você ama a verdade, ocupe-se em buscá-la cada vez mais, e não só nas palavras e pensamentos alheios. O que os demais acham é unicamente isso: o entendimento deles.

Viver dependendo de como os outros analisam nossa vida é viver em uma insegurança constante.

Gostam de mim? Estimam-me? Então estou feliz. Não gostam de mim? Desprezam-me? Nesse caso, tudo vai mal. Depender da inconstância do julgamento alheio é viver em contínuo estado de ânimo heterogêneo.

É possível ser feliz? Obviamente que sim, porém não se esqueça de que quanto mais você se respeitar, mais sua felicidade dependerá de você e menos dos outros, apesar dos murmúrios irônicos e da incompreensão das pessoas.

Não existe bem-estar sem liberdade de pensar e de agir. O Criador não quer escravos, quer filhos livres. Portanto, nossa **felicidade é o resultado da maneira pela qual vivenciamos aquilo que somos**. O importante não é a "etiqueta" que usamos, mas é o que fazemos "da" vida, "com" a vida e "pela" vida. A felicidade não é simplesmente uma meta a ser alcançada, mas uma consequência: a colheita de nossos atos e atitudes diante da existência.

Se você quer melhorar-se é um bom sintoma. Quem acha que em si não há nada para mudar e se sente perfeito está imaturo espiritualmente. A vida é dinâmica; é mudança ininterrupta. A procura interior é prenúncio de progresso.

Lembre-se de que as mudanças devem ser feitas naturalmente, sem forçá-las; devem representar um ato espontâneo, devem ser desejadas.

Sentindo amor e respeito por si mesmo, sentirá igualmente respeito e amor por quem está a seu lado.

A pior tristeza é viver toda uma existência sem amar. Como seria lamentável, atravessar uma encarnação sem nunca ter falado de seu amor a todos aqueles que você ama!...

Tudo é efêmero na vida, menos você, alma imortal, pois o acompanhará como consequência – aonde você for e para sempre – sua consciência amorosa.

O ser humano faz parte dos seres vivos, porém todos são instrumentos transitórios pelos quais a Vida Maior se manifesta.

Tenho a certeza de que você não será discriminado na Casa Espírita, visto que todo cristão compreende que quem mais agrada ao Senhor não é aquele que dá o **pão de trigo**, mas aquele que dá o **pão do amor**.

Lourdes Catherine

17
Modelagens da vida

Fatores limitantes: Oh! Meu Deus! Parece que sou tratado injustamente pela vida! Estou amargurado e me encontro no limite de minha resistência! Não mereço essa falta de sorte! Por que tudo tem que acontecer logo comigo, enquanto os outros vivem tranquilamente? Qual a razão disso tudo? Será que a vida na Terra é uma eterna reincidência de abalos emocionais?

Expandindo nossos horizontes:

Juntos e ao mesmo tempo sozinhos, estamos viajando pela estrada da Eternidade. A existência para algumas pessoas assemelha-se a noites intermináveis, como se estivessem predestinadas a viver incessantes sofrimentos.

Por mais desafortunado que você esteja, vivendo em obscuridade aparentemente irreparável, recorde o fato de que a luz e a noite fazem parte da vida e que existimos interdependentemente. Todos somos unos com a Natureza.

A noite diluir-se-á com o aparecimento do sol, a não ser

que você prefira prender-se eternamente a ela. Muito além do céu encoberto de **tristeza** está o astro-rei radiante de **alegria**.

Nem as tempestades nem a escuridão são más. Como apreciar as estrelas se não houver noites escuras? Depois de uma tarde turva e chuvosa, pode-se desfrutar a brandura de um entardecer resplandecente.

A existência é um jogo de luzes e sombras, e para a criatura desperta tudo é utilidade e contribuição, cooperando com seu aprendizado evolutivo.

A luz se torna para todos os que veem a principal fonte de informação acerca do ambiente onde vivem. Ela é de tal modo importante que mesmo os peixes que habitam os enormes abismos oceânicos, de difícil acesso para os raios solares, fazem uso de seu campo visual, permutando elementos com microrganismos capazes de emitir luz.

A germinação das sementes e o florescimento de certas plantas são desencadeados quando os dias são mais longos, certamente por receberem luminosidade por mais tempo. As flores silvestres cobrem os bosques como tapetes coloridos, ano após ano, por causa das carícias da luz solar.

Em épocas de penumbra e de muito frio, alguns animais reduzem suas atividades ao mínimo, permanecendo numa espécie de sono profundo (hibernação). Por meio desse fenômeno, tais seres conseguem suportar as condições adversas do inverno. Nesses períodos, as sementes e plantas passam a viver à custa de certas substâncias armazenadas em seu próprio organismo.

No verão surgem novas relvas em abundância, brotam suas irmãs do mesmo verde-claro perto das nascentes de águas cristalinas, circundando as raízes de velhas árvores.

No concerto universal, do qual partilhamos, a parceria é

muito maior do que pensamos, e cada criatura precisa tomar ciência dessa integração.

Quando atravessamos momentos de escuridão vivencial e de decaimento, aceitemo-los como instrumentos de ajuda e como sinal de que algo de bom estão nos ensinando. Todas as situações têm sua razão de ser, são verdadeiras **modelagens pelas quais a Vida Providencial aprimora a todos**. Existem soluções para o inverno e para as noites escuras. Desfechos naturais para resistirmos ao frio e ao calor.

Se a Natureza protege todos os seres irracionais, criando para eles meios de defesa e diversos sistemas de adaptação, a fim de compensá-los das variações de temperatura e de outras tantas intempéries do cotidiano, quanto mais ainda fará em favor dos seres racionais!...

Compartilhe do Universo, apesar dos problemas que você estiver enfrentando, pois eles representam mecanismos criados para sustentá-lo. Você está sendo amparado pela Providência, não só nos momentos de luz/alegria, mas também nas variadas circunstâncias de noite/tristeza.

Existem vários pontos nocivos ou crenças adversas que estão particularmente impedindo seu progresso e bem-estar. Procure-os em sua intimidade e os transforme, eliminando, assim, o desconforto que o aflige.

Pense nisso. Talvez você precise ficar sozinho por algum tempo para melhor compreender as experiências pelas quais está passando.

Lourdes Catherine

18
Pensamentos indesejáveis

Fatores limitantes: Estou sempre discutindo comigo mesmo. É uma conversa contínua e automática que me martiriza. Só consigo imaginar terríveis acontecimentos, que me ficam martelando a cabeça, sem parar. Fico desperto por noites a fio e, quando durmo, não tenho um sono tranquilo. Eu me esforço para que a mente se aquiete, porém não consigo detê-la. Levanto-me de manhã muito abatido, com dores de cabeça, sobretudo na região dos olhos. O que devo fazer para ter tranquilidade? Como neutralizar esse processo perturbador?

Expandindo nossos horizontes:

Sua mente é semelhante a um moinho que tritura sem cessar sonhos e pensamentos. Suas ideias se revezam como cartas em desordem sobre um pequeno console, causando sempre consternação.

Não se esqueça, todavia, de que o poder mental, como qualquer das faculdades humanas, é submetido ao controle do homem, a quem cabe direcioná-lo. O segredo para conseguir modificar um fato que pareça difícil ou perturbador é perceber quais ideias ou crenças estão movendo seu mundo íntimo.

Pessoas atraem e repelem as forças da mente, registrando experiências a cada segundo e, de conformidade com seus hábitos ou valores interiores, vivenciam os fatos com emoções ou reações diversificadas.

Quando você dá importância às situações negativas, o espelho da mente as assimila e, de forma imediata, as reflete. Essas imagens, denominadas **formas-pensamentos**, rondam constantemente sua aura, passando a nutrir os tecidos sutis do corpo espiritual.

Ao pensar, conversar ou observar as forças geradas por suas ideias, palavras ou atitudes se fixam em seu cérebro astral e têm a tendência de se perpetuar.

Portanto, quando alguém conserva uma crença inconveniente, só vai encontrar momentos de inconveniência, materializados por essa mesma crença.

Um diminuto ponto contaminado entregue ao abandono pode infeccionar todo um tecido em poucas horas, transformando-o em massa pestífera de enormes proporções. Atos considerados sem nenhuma importância, muitas vezes, com o passar do tempo, levam as pessoas aos labirintos da demência e da desesperação.

O momento ideal para impedir que uma ideia ou crença negativa se lhe instale na engrenagem da mente é quando ela surge. Crie um **saneador** eternamente vigilante, analise tudo e só permita a entrada de pensamentos construtivos e capazes de produzir equilíbrio e progresso.

Vamos recorrer ao mito do deus Hermes, para melhor ilustrar essa questão.

Num cume gelado dos montes da Arcádia, vive Maia, uma ninfa de longos cabelos, que sem temer o frio, corre e dança espargindo graça e beleza.

Zeus, o deus supremo da mitologia grega, ao contemplá-la, encanta-se com sua jovialidade e apaixona-se. Passam-se tempos e Maia dá à luz o deus Hermes, detentor de chapéu e sandálias providos de asas – atributos de sua filiação divina.

Graças à sua destreza em lutar e a seus bens alados, torna-se um espadachim especial e, ao mesmo tempo, o arauto dos deuses.

Seu **capacete alado** pode ser interpretado como: **"a mente pode ser conduzida como quiser"**; e sua **espada notável** como: **"a mente tem habilidade para eliminar quaisquer dificuldades"**.

Muitas pessoas não comandam a própria força mental, tornando-se prisioneiras de si mesmas. É como se, distraídas no último vagão de um trem, não se importassem com o maquinista. Se você não controlar suas faculdades mentais, indicando o caminho que quer seguir, ou aonde quer chegar, poderá aportar em lugares indesejáveis.

Emoções, pensamentos e atos são elementos dinâmicos de indução. Se você é daqueles que vivem se lamentando, que se dizem fracos e impotentes, remoendo fatos do passado, sem autoestima e nenhum planejamento para o futuro, provavelmente ficará desconectado do fluxo da Vida Providencial. É o **princípio da repercussão** que comanda a vida interior.

Use seu **capacete alado** e replaneje suas metas e objetivos. Se você exercitar seu poder mental, nada nem ninguém poderá impedir que alcance o equilíbrio interior. Utilize a potencialidade de sua **espada eficaz** como elemento defensivo contra esses componentes estranhos que o perturbam.

Na meditação silenciosa o espírito recolhe, sob a forma de inspiração, ideias que lhe aperfeiçoam a existência. Na oração você encontrará a maior fonte de poder do Universo, podendo entender a excelência das leis de renovação que estruturam os alicerces da vida em toda a Terra.

O processo de orar, meditar e selecionar tudo que entra em sua casa mental saneará esse circuito de sugestões sombrias em que você vive, afastando de sua atmosfera vibracional esse turbilhão de vozes e ideias que aprisionam sua alma nas teias dos pensamentos indesejáveis.

Lourdes Catherine

19
Amor não correspondido

Fatores limitantes: Tenho três filhos e descobri há dois meses que meu marido está perdidamente apaixonado por outra. Entreguei-lhe os melhores anos de minha vida. Dei-lhe filhos lindos e sempre mantive nossa casa maravilhosa. Estava constantemente pronta para ir aonde ele quisesse e atender a tudo o que ele desejasse. Possuo uma natureza dócil, por isso acho que fui facilmente explorada e ultrajada. Esta situação me desespera! Tudo acabou para mim! Como devo proceder, pois me disseram que temos fortes laços do passado e muitos compromissos espirituais?

Expandindo nossos horizontes:

Acredita-se que é possível contar nos dedos das mãos as pessoas a quem se ama de forma verdadeira. Causa compaixão quem aceita essa hipótese, pois estará confinado sentimentalmente.

O amor incondicional é sempre lúcido e abrangente. Jamais exclusivo ou limitado a apenas uma pessoa. Quando o amor induz os seres ao isolamento já se pode ouvir o vento entoar uma triste canção, prenunciando dias longos e noites melancólicas.

Quando, numa relação de amor, não se auxilia o outro a

caminhar por si mesmo, conduzindo-o a encontrar seu próprio curso existencial, esse amor, mesmo que pareça tranquilo, não está de fato estabilizado.

O amor verdadeiro é direcionado para a capacidade de guiar o outro ao crescimento pessoal; em outras palavras, para um processo de transformação incessante rumo a um entendimento maior.

Quem delimita sua aptidão para amar assemelha-se à fumaça, que a tudo sufoca em seu derredor. Somente depois, quando é dissipada pelo ar, é que se avalia o mal que a asfixia causou.

Há almas que vivem relacionamentos fictícios – baseados em uma imagem que retrata o que gostaria que o outro fosse – sem perceberem que estão dando os primeiros passos em direção à ruína afetiva.

A separação inicia-se no momento em que um dos parceiros se relaciona com a imagem criada da pessoa idealizada, e não propriamente com a pessoa. De modo geral, essas irrealidades são notadas depois de ter ocorrido o infortúnio amoroso.

O que acontece, todavia, quando nos dedicamos a alguém que é infiel conosco? Será que quando amamos incondicionalmente temos que suportar incontáveis deslealdades e permanecer impassíveis?

Naturalmente, o amor não conduz à tolice ou à ingenuidade, nem induz a uma alegria artificial e a uma credulidade excessiva. Na dependência só se veem qualidades, nunca se enxergam os defeitos. Isso a humanidade classifica como "amor cego" ou "paixão".

Jamais você sentiria tão grande solidão e abandono se não vivesse, imprudentemente, dependendo tanto dos outros.

O mundo é cheio de pesares e, na área do afeto, a traição é uma das maiores desventuras. Não há nada pior que recordar momentos felizes em tempos de dor.

Quando tudo é desventura, aparece a verdade. Ela pode machucar, mas, em qualquer tempo, será bem-vinda. Assemelha-se a um remédio amargo, porém salutar.

Vale lembrar: **para que exista um relacionamento de fato, é necessário que ambos o desejem**.

Apesar da desonestidade, é possível perdoar a quem traiu, pois o amor real não coloca limites à indulgência.

No entanto, você precisa perguntar-se: o que devo fazer para harmonizar o amor por meu marido sem perder meu autorrespeito?

Por certo a vida a dois não é nenhum mar de rosas, e seria bom levar como lembrete que, em se tratando de relacionamentos afetivos, nunca há respostas genéricas ou semelhantes para um amor não correspondido.

"Será que posso continuar confiando nele de forma plena, depois do ocorrido? Afinal, o que está me movendo internamente? Amor real, apatia ou fraqueza?"

O amor não contabiliza as fragilidades do outro, mas, com toda a certeza, não é abusivo. Por princípio íntimo, não se deve viver de autopiedade.

Diante dessa circunstância, o que de melhor se poderia dizer a esse alguém é que **decida**: "ou continua junto de você, sinceramente; ou longe, se quer permanecer na infidelidade".

Os vínculos entre as pessoas podem ser estabelecidos por amor ou por obrigação. No amor, há ternura, imensa confiança e devoção, e isso por si só basta. Na obrigação, nascem as desavenças e recriminações, que dilaceram a alma. **Quem se obriga**

nas questões do amor vive em constante busca de razões ideológicas ou de justificativas filosóficas.

O que é o carma senão respostas da vida a seus atos e atitudes. Não existe fatalidade, uma vez que Deus dá o livre-arbítrio a todas as suas criaturas. Você é livre para escolher – não apenas antes do nascimento corporal, mas igualmente aqui e agora – o que fará de sua existência.

Rosas amarelas significam infidelidade. A procedência dessa lenda remonta à época do profeta Maomé. Ele desconfiou que sua esposa Aisha lhe era infiel. Foi orientado, entretanto, por um arcanjo para que, quando ela o recebesse com rosas vermelhas, ele ordenasse que fossem jogadas no rio. Se as flores mudassem de cor, suas suspeitas teriam fundamento. E estas se confirmaram: as rosas transformaram-se em amarelas.

Vale esperar os terremotos do coração se acalmarem para você refletir melhor e, logo após, abrir as vidraças da alma e deixar o aroma do bom senso entrar.

O diálogo será sempre oportuno entre o casal, desde que não se converta em cobranças e insanas suscetibilidades; antes se alicerce na lealdade e honestidade e concorra para que os dois permaneçam unidos e equilibrados.

Para cada pessoa sempre existe um momento de decisão, e ela o saberá quando ele chegar. Quando você já tiver feito tudo o que estava a seu alcance, então deverá ficar ou partir. Não se deve esperar dos outros aquilo que unicamente você mesmo pode se dar.

Lourdes Catherine

20
A dor do abandono

Fatores limitantes: Recentemente tomei conhecimento de que sou adotada. A divulgação desse fato causou em mim uma aflição pungente, a dor do abandono, que jamais tinha experimentado. Desde criança sempre fui muito curiosa; em várias circunstâncias cheguei a desconfiar de que algo não estava bem esclarecido quanto a meu nascimento. Minhas perguntas a meus pais eram frequentemente deixadas sem resposta. Essa revelação abrupta fez com que eu sofresse um enorme impacto emocional. Estou necessitando de uma orientação! Como o Espiritismo vê a adoção de crianças?

Expandindo nossos horizontes:

Reconheço que sua alma foi ferida pela rudeza da vida terrena, e que amarga soledade lhe enche os olhos de pranto. A sua paz virá, no entanto, como consequência, quando você aceitar verdadeiramente que é, como todo ser humano, um espírito imortal em aprendizagem de amor neste planeta.

O Espiritismo não vê diferença entre um filho consanguíneo e um adotado. Ambos são transitórios. Não importa por qual meio os filhos vieram, o fundamental são as aprendizagens que eles vivenciam ou o que assimilam durante sua permanência na família terrena.

Existe um receio dos pais de que a revelação a uma criança adotada dos fatos verídicos de seu nascimento possa ocasionar ressentimento, insegurança, traumas, enfim, distúrbios emocionais e sociais. Esse temor é procedente, mas se o esclarecimento for feito em clima de naturalidade, de forma tranquila e amorosa, a criança aceitará pacificamente sua condição de filho adotivo.

Quando se trata do assunto **adoção**, deve-se responder a qualquer pergunta que o menor fizer. Um adiamento na resposta pode gerar desconfiança, estremecer o relacionamento familiar e até mesmo destruir os laços de afetividade.

Não minta à criança, não invente desculpas ou fantasias. Ela poderá fazer comparações entre as informações recebidas dos pais e as transmitidas por parentes próximos.

Ao deixarem de esclarecer esse fato importantíssimo da vida dela, estarão errando duas vezes: abalando a segurança e o apoio que ela espera receber; e deixando-a ao bel-prazer de qualquer pessoa leviana que venha a fazer tal revelação, por maledicência e sem nenhuma consideração. Como exemplos, um desentendimento escolar, uma briga na rua ou uma empregada menos avisada.

Seja o pai, seja a mãe, quem for questionado deve responder. Os pais não devem fazer **"jogo de empurra"** entre si, quando forem inquiridos. Cabe-lhes, sim, aclarar o assunto sem nenhuma inibição, de forma simples e objetiva, nunca envolvendo as respostas em reservas ou restrições. Mas explicar apenas o que foi perguntado, sem antecipar nada, evitando com isso excitar a curiosidade infantil. Ela despertará naturalmente, conforme suas necessidades interiores.

Uma orientação satisfatória se constituirá de:

- uso de termos compreensíveis, para que a criança possa entender com facilidade;
- não insistência quando o menor não demonstrar interesse por um determinado assunto;
- utilização de respostas curtas e precisas, ou seja, sem explicações prolongadas;
- aproveitamento de ocasiões propícias, quando os filhos perguntam espontaneamente;
- sentimento brando e atencioso, caso surjam novas indagações em outras circunstâncias.

A Ordem Divina é amor e sabedoria. Nada acontece sem uma razão justa. Não importa o que você fez ontem, o importante é o que está fazendo agora. Na Terra, o tempo e o espaço são diretrizes que tecem o mundo das ilusões. Se você não tiver total aceitação do seu passado e do seu presente, não terá uma verdadeira paz interior. Só se alcança a felicidade quando se vive no presente. Reconcilie-se com seu passado e planeje realizações para o futuro.

A "garoa do desabrigo" cai sobre sua alma, e uma sensação de mal-estar envolve todo o seu ser. Aceite, porém, o que não pode ser modificado; isso lhe trará tranquilidade íntima; a ansiedade desaparecerá e você poderá entender melhor os fatos de sua caminhada. Perceba que tudo está certo do jeito que está; confie, Deus está no leme de toda existência humana.

As Leis Divinas reúnem as pessoas para que se conheçam melhor, harmonizem-se, dissolvendo antigos problemas e retomando lições inacabadas.

Essa situação constrangedora que ora está vivendo objetiva unicamente o seu bem-estar e felicidade. As dores estão apenas motivando seu aprendizado. Vença seus desafios e se torne cada vez mais segura e forte.

Os filhos adotivos, em muitas ocasiões, não notam que a adoção, ao contrário do que imaginam, é um testemunho expressivo de amor: eles foram escolhidos livre e espontaneamente por seus pais afins. Por isso, agradeça sempre a Deus por essa oportunidade de crescimento ter recaído em você.

Tome a Natureza como exemplo. Nela estão as mãos invisíveis do Criador agindo em toda parte.

Certas aves têm uma tendência para adotar ninhos e ovos de outros pássaros. O instinto de alimentar leva a fêmea adulta a não fazer distinção entre seus filhotes e os adotados, quando deposita comida nos bicos escancarados.

Diversos animais amamentam a ninhada, deitando-se de lado para acomodar as pequenas crias e dispensando cuidados não apenas aos próprios filhos mas também aos órfãos que por ali se encontram.

Na linguagem das flores, os cravos amarelos significam **desprezo e abandono**. Segundo a lenda grega, quando Adônis desprezou Vênus, ela chorou compulsivamente pelos bosques e florestas; os cravos brotaram onde suas lágrimas caíram.

Não guarde junto a seu coração um **ramalhete de cravos amarelos**. Acenda sua luz interior, semeie em seu coração os valores do bem. Não se esqueça: toda vida é sagrada e todos somos filhos amados de Deus, vivendo temporariamente na Terra.

Lourdes Catherine

21
Estranho amor

Fatores limitantes: Meu garotinho é muito apegado a mim. Todas as vezes que vamos ao Centro Espírita, ele não consegue ficar nas aulas de evangelização infantil. Tem verdadeira aversão aos alunos e às professoras. Agarra-se em minhas mãos, chora muito e toma atitudes de teimosia e agressividade. Insiste em dormir em minha cama, e é raro passar uma noite inteira dormindo tranquilamente. Tem medo do escuro e de vultos andando pela casa. É um menino sensível e de bom coração, todavia, depois desses últimos acontecimentos, tenho me preocupado muito. Temo que ele esteja sendo envolvido por vibrações perturbadoras. O que preciso fazer para livrá-lo dessas más influências?

Expandindo nossos horizontes:

Na mitologia clássica, cada flor era encarada como uma dádiva dos deuses, uma obra divina do Olimpo. Assim, Narciso era uma flor que correspondia à metamorfose de um belo jovem com esse mesmo nome. Filho da ninfa Liríope e do deus fluvial Cefiso, era dotado de extraordinária beleza.

Ao nascer, um vidente profetizou que ele viveria muito tempo se jamais se desse conta de sua beleza.

Um dia, porém, caçando em uma extensa floresta, aproxima-se de um lago límpido a fim de aliviar a sede. Vê sua imagem refletida nas águas e por ela se enamora, vivendo obstinada fascinação.

Deitado no solo, contempla fixo o lago que espelha sua face. Imóvel dia e noite, é incapaz de afastar-se; fica perdidamente apaixonado por si mesmo. O jovem deixa de alimentar-se, de dormir, de saciar a sede e vai se consumindo na melancolia de um amor impossível. Quantas vezes em vão mergulha os braços nas águas para abraçar aquela figura admirada. A mesma ilusão que lhe engana os olhos aumenta sua paixão ardente.

Depois de morto, os deuses tiveram compaixão dele e o transformaram em uma delicada flor de miolo amarelo rodeado de pétalas brancas; flores que sempre nasceriam às margens das lagoas em memória desse jovem tão infeliz.

Numerosos foram os pintores e os escritores que se utilizaram da figura mítica de Narciso. Também para muitos estudiosos do comportamento humano, ele passou a representar as tendências ao egocentrismo existentes no ser humano.

Narciso, na verdade, não estava enamorado de si mesmo, mas de sua imagem. O processo ocorre de maneira idêntica nos pais narcisistas. Para eles o filho é sua própria imagem projetada.

A expressão do amor materno é um impulso natural, desprovido de qualquer interesse egoístico. Esse instinto de proteção surge ante a fragilidade do bebê, ainda incapaz de prover sua sobrevivência. Contudo, grande parte das mães continua se relacionando com os filhos crescidos como se fossem **eternas criancinhas**. Inconscientemente, creem que eles são ainda parte delas próprias, como realmente o foram quando estavam no ventre. Assim acreditando, criam condições negativas ao desenvolvimento íntimo deles, prejudicando-lhes a mentalidade quanto ao uso da livre escolha. Estão constantemente interferindo, ordenando e criticando de maneira **possessivamente dócil**.

A criança, a quem foi permitida a possibilidade de errar para buscar experiências e, mais tarde, colher os frutos da segurança, tornar-se-á uma personalidade sadia e confiante em si mesma. Toda ascensão exige atividade. Não há lição sem preço.

Você deve conceder liberdade a seu filho, obviamente levando em conta sua faixa etária, para que ele não corra risco ou prejuízo em sua vida física, psíquica e social.

Mesmo sem perceber, você pode estar afastando seu filho dos **testes do mundo**; por isso ele está nessa situação constrangedora, desenvolvendo o medo e uma extrema dependência de tudo.

As crianças são muito sensíveis às energias do ambiente doméstico. Quando elas manifestam dificuldades e problemas, na maioria das vezes estão apenas refletindo os comportamentos familiares.

Ao recomendar-lhe que **dê liberdade a seu filho**, não estou me referindo ao ato de mimar, à falta de controle, à ausência de limites. Tampouco que o entregue à própria sorte, mas que o ensine a pensar para tomar decisões e tecer os fios de sua felicidade.

Certos pais não transmitem a necessária confiança e apoio a seus filhos, pois não reconhecem nem respeitam sua individualidade. Dificultam, assim, o relacionamento deles com outras crianças no ambiente social. Essas atitudes de superproteção os mantêm presos a laços invisíveis, bloqueando-lhes o anseio de liberdade infantil.

Pais que pensam por suas crianças, como se elas fossem destituídas de inteligência, não se desenvolveram a ponto de reconhecer a existência independente de uma outra pessoa. Acreditam que os filhos têm sua mesma intenção, querer e propósito, permanecendo durante anos, ainda quando eles se tornam adultos, na mesma expectativa de que deverão estar sempre a postos para suprir todas as necessidades filiais. Crises, infortúnios e dissabores são **medidas de socorro** com que os Céus amparam as criaturas.

As nódoas da vida e os percalços do caminho, hoje, poderão parecer trevas, mas, amanhã, serão suas luzes. Portanto, modifique essa sua atitude; excesso de zelo prejudica ao invés de beneficiar.

Deus a todos ama e abençoa, nunca desampara e não esquece ninguém. Não sufoque os outros; ao contrário, coopere e incentive.

O narcisista supervaloriza seu próprio mundo e acredita que o mundo do outro é dele. **É incapaz de afastar-se de sua imagem, ficando completamente perdido na contemplação de si mesmo**. O narcisismo dos pais é **uma fascinação por si mesmos refletida nos filhos. Sou especial e, portanto, devo tratar e proteger meu filho especialmente.**

A criança, à medida que se vai tornando adulta, não precisa tanto da mãe para suprir suas necessidades corriqueiras; mas carece de sua presença colaboradora e amiga a seu lado.

A insegurança de seu filho é a causa primordial e atrativa dessas influências perturbadoras. Comece a exercitá-lo para sentir-se independente e para participar de forma ativa dentro do próprio lar, e mostre-lhe as limitações naturais de sua liberdade, procurando, no entanto, distingui-la dos caprichos e dos desejos infantis.

Possessividade é um **estranho amor** que machuca a alma com rudeza. Da vida tira a alegria e dos olhos muito pranto.

Lourdes Catherine

22
Lágrimas de decepção

Fatores limitantes: Meu marido é incapaz de assumir responsabilidades para com a família e vivemos num ambiente de muita hostilidade. Constantemente somos ameaçados e agredidos sem nenhuma razão. Durante anos faço de tudo para ajudá-lo; como pode ele tratar-nos dessa maneira? Ele é intolerante e rigoroso, nunca respeita a opinião alheia. Estou mergulhada em sentimentos de autopiedade, decepção, ressentimento, vergonha e, ao mesmo tempo, impotência. Sei que diante de insultos e ofensas é preciso perdoar, porém não mais consigo.

Expandindo nossos horizontes:

Sei que seu coração pede, entre lágrimas de decepção, um alívio para seu conflito. A solução é – invariavelmente – perdoar.

Mas desculpar as ofensas não pressupõe passividade, fuga ou viver em eterna autopiedade.

Perdoar é a compreensão de que, para enfrentar atitudes perturbadas ou estruturas desajustadas, não precisa a criatura estar cheia de ódio, mas comprometida com a paz. É, essencialmente, uma maneira de **mostrar o outro lado**, quer dizer, não revidar o mal com o mal. O rancor abrigado no coração causa estados destruidores no ser humano; portanto, recuse aceitá-lo como solução do problema.

O ato de perdoar não exige que você ignore ou negue sua mágoa ou qualquer outro sentimento, nem implica que o agressor não deva ser responsabilizado por suas ações.

Se você se mantiver inflexível na sustentação da raiva, ligar-se-á ainda mais a essa situação infeliz. Se não aprender a perdoar, estimulará as circunstâncias de opressão em que vive, agravando-as. Trata-se da lei de ação e reação.

Jesus, Mestre da Vida Superior, que supostamente foi ultrajado, não teve que perdoar. Quem ama verdadeiramente jamais se sente ofendido.

Não lhe peço que se compare com o Cristo ou se comporte como Ele, porque todos sabemos da distância evolutiva que existe entre nós e o Mestre. Convido-a apenas para que compreenda o ensinamento cristão, a fim de que possa superar as ofensas sem se maltratar.

Os ensinos do Senhor dizem que é indispensável espalhar a fragrância do perdão, mesmo quando derramada sobre os ingratos, pois ela sempre volta, em forma de ondas reconfortantes, à mente de quem a emitiu.

Não se esqueça, entretanto, de que suportar de forma submissa constantes abusos, decepções e humilhações pode abrir brechas para que a violência ocorra com mais facilidade. Mesmo curada a ferida, ainda permanece a fragilidade da cicatriz.

Em "O Evangelho Segundo o Espiritismo", capítulo XII, item 8, afirma Kardec: **"O próprio instinto de conservação, que é uma lei natural, diz que não é preciso estender benevolamente o pescoço ao assassino. Por essas palavras, portanto,**

Jesus não interditou a defesa, mas condenou a vingança."

Dê alforria à sua sensibilidade, que se encontra em regime de escravatura, e não finja mais que tudo está bem. Na verdade, você está vivendo há anos uma relação turbulenta.

Faça um autoquestionamento para ampliar sua consciência. Se você vive nesse drama, é porque você mesma contribui para permanecer nele.

A vergonha está ligada à falta de limites. Se você está envergonhada é porque permite que pessoas invadam ou transgridam seus sentimentos.

Talvez você precise compreender seus direitos e cuidar mais de si mesma. Não adianta banhar de prantos a face; desenvolva a autoestima e terá uma nova visão de seu problema familiar.

Dizer **sim** quando se quer dizer **não** é desvalorizar seus sentimentos. Se seus limites forem ignorados pelos outros, provavelmente eles não irão respeitá-la. Quando expressamos com sinceridade o que sentimos e desejamos fazer, não precisamos ficar eternamente **acomodando as situações**.

Você pode querer esconder tudo aquilo que lhe está acontecendo; isso é uma característica comportamental que se desenvolve quando se convive com criaturas problemáticas. Portanto, você pode estar:

- disfarçando o medo em que vive, por estar sendo ameaçada constantemente;
- não demonstrando a vergonha que sente, por não querer ser maltratada diante dos outros;
- encobrindo os fatos grosseiros com o manto de desculpas amenizadoras, para não ter consciência da extensão das agressões vivenciadas;

• renunciando a seus direitos legítimos, porque vê os direitos dos outros como superiores aos seus;

• defendendo os atos hostis de parentes, para não ser interpretada como insensível ou desalmada.

Perdoar é diferente de mascarar a realidade. Em qualquer relacionamento familiar, a confiança é essencial, assim como a capacidade de ser honesto consigo mesmo e com os outros. Onde não se compartilha os sentimentos e as emoções não pode existir confiança.

É preciso entender que perdoar não significa aceitar a brutalidade de alguém. Perdoar, em muitas ocasiões, quer dizer: **tomar uma atitude**. Liberte-se do ressentimento ou do ódio, para que eles não se materializem em seu interior, trazendo-lhe dores e desequilíbrios, tanto externos como – e sobretudo – internos.

Os primeiros cristãos designaram as rosas vermelhas como símbolo da dor dos mártires, ao passo que as rosas brancas sempre estiveram associadas à pureza e à brandura.

As roseiras vermelhas representam sentimentos ultrajados e as brancas, moderação, autoestima e dignidade.

Mescle as rosas e as presenteie as você mesma com um belo buquê. A reunião dessas duas tonalidades lhe dará as medidas essenciais que vão assegurar seu crescimento no amor e, também, sua sobrevivência, honradez e respeitabilidade.

Lourdes Catherine

23
O voo de Ícaro

Fatores limitantes: Há tempos me dedico ao exercício da psicografia. No momento, apesar de todo o meu empenho, minha mediunidade não recebe a atenção desejada. Estou num vazio enorme, que varre minha esperança, turva meu ideal e me induz à desilusão. Observo médiuns notáveis que, desde cedo, encaminharam suas páginas mediúnicas à publicação; outros, menos experientes, lançam livros imprudentemente. Espero há anos a alegria de ver minhas mensagens difundidas, e isso não acontece. Estou desencantado. Será que minha produção mediúnica nunca merecerá ser divulgada? Devo abdicar da psicografia e canalizar meus recursos espirituais para outra área de ação?

Expandindo nossos horizontes:

O mito grego de Dédalo e Ícaro ilustra o caminho em busca da realidade. É típico de todos os seres humanos o uso das **asas da imaginação**. No entanto, quando se voa muito alto e se ultrapassa os limites do bom senso, cai-se com facilidade na frustração ou no desencanto de viver.

A princípio, Ícaro achou ousado o plano de Dédalo, seu pai, genial escultor-arquiteto. Mas depois, a seu lado, começou a procurar um meio de construir as asas que os salvariam do

Labirinto de Cnossos. Primeiro, reuniram penas de aves e as selecionaram de acordo com o tamanho. Em seguida, amarraram-nas com fios de linho e as fixaram firmemente com cera, umas às outras.

Antes de partirem, Dédalo recomenda ao filho muito cuidado. Pede que ele voe em altitude mediana, para não molhar as asas no oceano nem derretê-las ao contato com os raios solares. No entanto, Ícaro, encantado com as nuvens, os céus, os pássaros e o firmamento majestoso, perde completamente a noção do perigo. Voa demasiadamente alto, e o calor do sol lhe queima as asas, dissolvendo a cera que unia as penas. Assim, ele é lançado nos abismos dos mares.

O pai, que ia à frente, mostrando o caminho e aproveitando o vento favorável, quando olha para trás não encontra mais o filho. Vê apenas duas asas brancas ao léu, flutuando na imensidão azul das águas.

Não compare as faculdades alheias com seus talentos ou predisposições inatas.

A raiz de suas decepções é a necessidade absurda de **como você e os outros deveriam ser, e de como deveriam tratá-lo**. Leve em consideração seu mundo interior e se livre dessas falsas necessidades. Sua essência espiritual lhe fornece tudo o que precisa para cumprir a missão que lhe foi destinada. A publicação de suas páginas mediúnicas, por si só, não tem condições de satisfazê-lo intimamente, mas sim o desenvolvimento de seu centro espiritual. Como fonte de toda a vida interior, ele impulsiona sua atividade medianímica, gerando sua realização e satisfação pessoal.

Somos cegos e surdos acima ou abaixo de certos padrões vibracionais delimitados pela natureza humana, assim como temos os olhos e os ouvidos fechados para determinados fenômenos que ocorrem nas dimensões invisíveis, por não sermos dotados de aptidões específicas para detectá-los.

As pessoas costumam colocar suas expectativas num nível excessivo de aspiração, propondo em seus projetos de vida um anseio desproporcional ou superior a suas habilidades.

Muitas das metas que estabelecemos baseiam-se em necessidades equivocadas e, por isso, jamais se concretizarão.

Ícaro é o protótipo das pessoas que ultrapassam os níveis de possibilidade interior. Não aceitam a própria fragilidade de seu potencial e cedem ao **ditador interno,** que as constrange a agir acima de suas possibilidades. Esse déspota interior representa uma auto-imagem falsa, construída sobre qualidades que você ainda não possui.

Muitas vezes, as **asas de cera** não são percebidas logo e de forma clara; porém, quando notadas tardiamente, com certeza já se haviam instalados os sentimentos de fracasso, frustração e vergonha.

Essas necessidades criadas artificialmente se revestem de uma aparente sensação de glória ou triunfo, nascidas só para compensar a vaidade e o orgulho, mas nunca conseguem atender ao verdadeiro coroamento da vida interior. Quanto mais a pessoa se exaltar com falsas qualidades e prerrogativas, mais se sentirá inferiorizada e rebaixada com seus feitos improcedentes e obras injustificáveis.

O voo de Ícaro resulta em uma busca de enganosas realizações. Ao vencer as alturas, ele presumiu que tinha consolidado sua idealização efêmera, mas foi surpreendido pelos raios solares, que desmancharam a **cera da ilusão.** Como estavam ainda adormecidas suas reais potencialidades latentes, perdeu a sensatez e o equilíbrio, destroçando a si mesmo. Voou alto demais.

O sentido dessa história mítica é claríssimo: o sol – estrela provedora da vida na matéria – representa as leis da natureza obedecendo à Divina Providência. Esse "astro-rei" (lei natural) guia os homens em sua marcha evolutiva e corrige suas incoerências; por isso, queima-lhes as **asas idealizadas**, conclamando-os ao equilíbrio e ao bom senso, e utilizando, sempre que preciso, da decepção ou da desilusão.

O homem só se liberta através do próprio trabalho interior. Nenhuma tarefa é maior ou melhor que outra. Somente aquele que descobriu o seu dever na Terra é que pode ser libertado da cruz da causa e efeito, à qual a ignorância de si mesmo o pregou.

Lourdes Catherine

PARTE II
BATUÍRA

24
Às ovelhas do Bom Pastor

> *"Já não vos chamo servos, porque o servo não sabe o que o seu senhor faz; mas eu vos chamo amigos, porque tudo o que ouvi de meu Pai eu vos dei a conhecer." (João, 15:15)**

Uma das principais simbologias usadas pelo Cristianismo é a da liderança representada por um pastor e suas ovelhas. O Cristo tem sido apresentado durante os séculos como o Bom Pastor, e a humanidade, o seu rebanho – o conjunto de fiéis a ser dirigido ou orientado por Ele.

Todavia, precisamos entender que o Mestre é diferente do líder paternalista ou autoritário que age no pressuposto de que as criaturas devam ser conduzidas aos empurrões, a golpes de um cajado ou com um cão pastor nos seus calcanhares, com a finalidade de não se desviarem da rota certa.

O conceito de Guia Benevolente ou de Pastor das Almas é verdadeiro no que se refere à solicitude infinita de Deus, por

---

* Todas as citações do Novo Testamento, no início de cada capítulo, foram selecionadas pelo autor espiritual e extraídas da Bíblia de Jerusalém – edições Paulus. (Nota do médium.)

intermédio de Jesus, para com suas criaturas, porém não deve ser entendido como atitude paternalista, quer dizer, dominação sufocante, objetivando à obediência cega.

Atualmente, sugere-se que os líderes não sejam protecionistas e que jamais utilizem a frase "estou fazendo isso visando apenas a seu próprio bem", a fim de impor furtivamente suas ideias de direção e comando. Os aprendizes do Evangelho não se desenvolvem num clima de servilismo patético, ou seja, não devem ser conduzidos como ovelhas incapazes e inertes, ao som impositivo de um estalido da chibata.

O **aprisco seguro**, os **campos de pastagens** e as **fontes de água límpida** são fatores a serem estimulados pelos dirigentes espíritas aos seareiros iniciantes. E não os regimes de austeridade paternalista, caracterizados pela tendência a uma **eterna passividade** que impede o desenvolvimento da própria manutenção física, psíquica e espiritual das criaturas.

Acreditamos que a rebeldia está submetida às forças educadoras da Providência Divina, razão pela qual ninguém precisa forçar ou literalmente "conduzir" os outros ao caminho certo; no momento exato, as leis naturais farão isso.

Um núcleo espírita cristão cresce quando todos se unem com a disposição de desenvolver suas habilidades, sem qualquer rigorismo ou imposições. Há quem acredite que um grupo apenas floresce quando as cabeças pensam de forma idêntica. A prática tem demonstrado o contrário: companheiros de índole e habilidades diferenciadas obtêm resultados surpreendentes nas tomadas de decisões e encontram com maior facilidade soluções criativas.

Nas searas de ação no bem, não conduzamos os trabalhadores ao **redil da mesmice**, mas sim às atividades da messe generosa da criatividade e do progresso interior.

O maior desrespeito para com um companheiro de jornada está na tentativa de o constranger aos nossos pontos de vista, sem considerar o que ele pensa, quer ou necessita. Manter um comportamento desinteressado pelas aspirações de liberdade manifestadas pelos liderados – ainda que no intuito de beneficiá-los – é negar-lhes o direito básico à dignidade individual.

O Nazareno não conquistou as multidões que O seguiam sendo prepotente ou desinteressado de suas necessidades. Ele ouviu apelos e respeitou as criaturas. Por isso, não agiu sozinho; arrebanhou inúmeros candidatos ao entendimento da Boa Nova, pois não poderia transmitir sua mensagem particularmente a cada pessoa. Inspirou colaboradores e, assim, criou discípulos que, por sua vez, incentivaram outros obreiros ao serviço na Vinha de Luz.

O comando do Bom Pastor não implica obediência impensada a que se ame o próximo. Ao contrário, sua liderança induz as pessoas a amar ao próximo espontaneamente. Todo ensinamento, na missão do Mestre, reveste-se de profunda expressão figurada:

"Já não vos chamo servos" – serviçais prestam serviços e apenas obedecem as ordens; **"porque o servo não sabe o que o seu senhor faz; mas eu vos chamo amigos"** – amigos compartilham sentimentos e ideais e participam das atividades de modo voluntário.

"Tudo o que ouvi de meu Pai eu vos dei a conhecer" – na amizade e no amor se repartem os bens imortais da alma.

Os verdadeiros líderes iluminam o lado positivo de seus liderados, revelando o que neles existe de bom e incentivando-os ao crescimento.

As ovelhas do rebanho do Senhor são convocadas ao aperfeiçoamento de seus sentidos interiores, para que possam **por si mesmas perceber e interpretar**, onde estiverem, a voz do comando amoroso do Bom Pastor.

Batuíra

25
Nas lides
da direção

*" ... servindo-os, não quando vigiados, para agradar a homens, mas como servos de Cristo, que põem a alma em atender à vontade de Deus." **(Efésios, 6:6)***

"Quem dirige nunca agrada a todos".

Na tarefa da direção de qualquer empreendimento, seja na área filantrópica, seja na religiosa, seja na financeira, quem segue à frente quase sempre leva os louros dos elogios justificados ou as críticas maldosas e sem nenhum fundamento.

No entanto, quando temos um propósito inabalável e uma consciência tranquila, podemos nos proporcionar o direito de ignorar aplausos e acusações indébitas.

O dirigente deverá prosseguir, estabelecendo sempre o ritmo de seus empreendimentos e realizações segundo seus próprios passos; e fundir, no exercício desse mister, amor e ponderação, entendimento e determinação, para que a equipe da qual participa e orienta não hesite diante das decisões e metas assumidas em grupo. Muitas vezes, por falta de confiança em si mesmo, o líder deixa-se envolver por opiniões alheias, perdendo assim a visualização do objetivo maior.

A obra pertence ao Cristo e não a nós. Quem comanda, porém, deve dar conta da importância do trabalho que está em suas mãos.

O condutor não poderá olvidar que não ficará melhor nem pior com as condecorações da aprovação ou com os gestos da censura e reprovação dos outros. Continuará sendo ele mesmo, com seu modo de atuar e com suas possibilidades naturais de sustentar a obra.

Os que lideram não devem olhar para trás o tempo todo, pois fica quase impossível caminhar com segurança e trabalhar para o engrandecimento da organização com os olhos voltados para antigos desentendimentos e dissabores provocados pela opinião das pessoas.

É muito difícil ser produtivo quando estamos constantemente preocupados com o que os outros estão falando ou julgando de nossa atuação e capacidade. Grandes realizadores ficam acima das maledicências e não permitem que elas prejudiquem suas atividades cristãs.

Se o Mestre Querido não conseguiu agradar a todos, quem somos nós para querer atingir tamanho objetivo? Não será pretensão de nossa parte?

Contudo, não nos esqueçamos de que, quando operamos em equipe e obtemos sucesso, devemos considerar-nos dignos de comemorar a vitória. Essas comemorações não devem ser suprimidas e proibidas, mesmo quando criaturas inescrupulosas as denominem de atitudes orgulhosas ou de elogios egoísticos. Expressar sentimentos de alegria e união compartilhados por toda a equipe é prática salutar que nunca deve ser abafada.

De acordo com a feliz expressão do apóstolo, não somos convocados **"para agradar a homens"**, mas sim para atender

"à vontade de Deus". Dessa forma, se adotarmos efetivamente o aprendizado com o Mestre Jesus, penetrando o santuário da alma dentro de nós mesmos, aí encontraremos as noções de ponderação e senso de justiça aplicáveis nas lides de direção que o Senhor nos destinou. Em razão, pois, desse trabalho de liderança, não devemos dar ouvidos às conversações descabidas, que proporcionam desentendimento e balbúrdia.

Evitemos mágoas e ressentimentos para manter o equilíbrio do grupo na força comum. Reduzindo a atmosfera de instabilidade, com nossas preces e obrigações do dia a dia, imediatamente começaremos a aliviar as tensões negativas nas áreas de ação no bem, às quais estamos vinculados no labor de nossa redenção.

Batuíra

26
Lutas contra o tédio

"...Não sabeis que um pouco de fermento leveda toda a massa? Purificai-vos do velho fermento para serdes nova massa, já que sois sem fermento." (1 Coríntios, 5:6 e 7)

A direção da Casa Espírita não poderá perder de vista a motivação dos seus dirigidos. Deverá observar e avaliar sempre as necessidades dos trabalhadores e cooperadores da seara onde milita.

Obviamente que não conseguirá satisfazer a todos, mas poderá de maneira hábil, perscrutar desejos e vocações a fim de distribuir as tarefas com coerência e objetividade.

Alguns serviços podem tornar-se absolutamente enfadonhos depois de certo tempo, aumentando a insatisfação dos servidores. Permitindo-se, porém, espontaneidade e certa dose de auto-expressão aos seareiros, eles se sentirão encorajados a manifestar o conjunto das coisas indispensáveis à manutenção de seu bom ânimo.

Existem necessidades básicas comuns a todos, como, por exemplo: consideração, atenção, segurança, proteção, estima e amor cristão. Outras necessidades existem, porém, de acordo com as tendências pessoais das criaturas, isto é, as consideradas de realização pessoal, que poderão ser supridas se o líder da instituição, as perceber e compreender.

Uma agremiação muito autoritária, onde a mensagem é "obedeça a tudo que o mandam fazer", não traz motivação aos seus cooperadores.

Dar a eles encorajamento para ser pensadores cristãos independentes é propiciar-lhes uma ferramenta importante contra o tédio e o trabalho enfadonho.

Supridas as necessidades de realização íntima, os companheiros serão motivados à produtividade e ao envolvimento cada vez maior no trabalho do bem.

Tarefas devem ser distribuídas e às vezes até redistribuídas, para que cada cooperador possa exercer a função com a qual tenha mais afinidade.

"Purificai-vos do velho fermento para serdes nova massa."

Encontraremos novo fermento desenvolvendo o espírito de equipe, aliviando o tédio uns dos outros, dividindo a carga da rotina e buscando, como alimento invisível contra a monotonia, os valores de nossa alma – núcleo de forças constantes influenciando nós mesmos e os demais.

Líderes inspiram liderados, e dirigidos sugestionam administradores.

Continuemos trabalhando! Renovando nossas energias, exterminaremos nossas fadigas.

Forças que hoje se exteriorizam de nosso labor perseverante voltarão em breve tempo ao centro de nossa atividade do amanhã, dando-nos reconforto inesperado.

O dirigente espírita nunca deverá se apresentar com a "aura" da infalibilidade – qualidade ainda inexistente na Terra –, mas sim como um companheiro de serviço no bem, que usa sua experiência aliada às inspirações dos Espíritos Superiores.

O Bem Maior estará intuindo o líder; ele, porém, deverá observar que as necessidades entre os irmãos são diferentes, razão pela qual convém colocar cada alma no lugar que lhe compete.

Jamais deveremos olvidar que, acima de tudo, Jesus Cristo está no leme da embarcação da nossa vida. O comandante distribui os serviços de navegação e os seareiros observam as regras e decisões que assumiram espontaneamente, enquadrando-se com seus valores pessoais, para se tornarem eficientes e produtivos marinheiros do Bem.

Batuíra

27
Êxitos e fracassos

"Outrora ele te foi inútil, mas doravante será muito útil a ti, como se tornou para mim." (Filêmon, 11)

O apóstolo Paulo sabia que, no futuro, poderiam-se extrair coisas úteis de coisas aparentemente inúteis.

O fracasso ajuda a gerar o êxito. Aceitemos nossas perdas e jamais desanimemos ante o serviço do bem.

É imperioso valorizarmos tanto a escassez como a abundância, tanto o erro como o acerto, pois sempre é possível aprender alguma coisa em qualquer situação. Quando doamos nossa boa vontade e nossa melhor intenção e fracassamos, imediatamente devemos nos perguntar: o que a Divina Providência está me ensinando?

O verdadeiro insucesso reside em não tirarmos o devido proveito dos fatos para nosso desenvolvimento espiritual.

Êxito e derrota são duas bandejas que retêm matérias-primas diferentes, mas que nos conduzem ao mesmo legado sublime – o aprendizado. A humanidade precipitada, entretanto, identifica na primeira o manjar mavioso da vitória e na segunda experimenta o alimento insalubre da derrota. Erros têm muito a nos ensinar. Eles nos propiciam ocasiões marcantes para o crescimento interior.

Todos aqueles que se encontram ajustados ao entendimento das leis divinas passarão a dar igual importância aos acertos e desacertos e usá-los em prol dos empreendimentos idealizados. O sábio aprendeu que o êxito do hoje muitas vezes foi a ruína do ontem, e onde vacilamos agora, amanhã deslancharemos.

Em nossos compromissos com a administração do grupo espírita, não devemos sublinhar os fracassos dos outros e os nossos, mas avaliá-los como proveitosas **experiências adquiridas**. Certos projetos poderão não ter alcançado o resultado que gostaríamos que tivessem, contudo o revés indubitavelmente nos colocará um pouco mais perto do sucesso.

Se criticarmos impiedosamente os colaboradores responsáveis por um fracasso em alguma empreitada de assistência ou de organização interna, esperemos duas prováveis consequências: a intensificação do sentimento de vergonha, frustração e embaraço; ou a hesitação, inibição e resistência em tentar algo novo, ou a continuidade da mesma tarefa.

Ante as crises e desajustes da equipe, encorajemos os companheiros do labor espírita, exaltemos os aspectos positivos do esforço mal sucedido e incentivemos todos a avançar sem esmorecimento. Adicionemos mais trabalho às nossas já existentes incumbências, e Deus nos abrirá nova caminhada de acesso ao refazimento.

Como dirigentes, podemos vir a ser classificados mais como críticos do que orientadores, mais como condenadores do que socorristas. Podemos vir a adotar uma postura que afastará as pessoas, evitando que nos procurem para relatar seus desenganos e pedir-nos aconselhamento. Na tentativa de se protegerem contra nossas críticas, fechar-se-ão completamente.

Devemos dar todo o apoio e crédito aos que tentaram e não alcançaram êxito, pois a grande maioria nem ao menos lança as mãos no empreendimento, e tem medo só de tentar.

Diante de quaisquer desafios ou reveses esbocemos um sorriso esperançoso e promissor, e sigamos avante contando com as bênçãos do mais Alto.

Entendemos que o orientador não pode conduzir-se como um cego perante as coisas negativas, desviando constantemente os olhos dos fracassos e das atitudes errôneas. Quando tiver que lidar com o insucesso ou opinar sobre ele, deverá enfatizar ao grupo o lado positivo, ou seja, o ensinamento que se esconde por trás daquela ocorrência infeliz.

Portanto, a mensagem é: na presença de tempestades e aflições, de ventanias e fracassos, trabalhemos servindo sempre, porque em todo tempo ou em qualquer situação a atitude certa é a positividade.

A destreza de extrair o bem do aparente mal vai gerar uma excelsa substância, à feição de tesouro valioso, que energizará os trabalhadores do Evangelho, conduzindo-os ao dever bem cumprido e às excelências da edificação do reino dos céus na Terra.

Batuíra

28
Edifício divino

> *"... todo o edifício se ergue em santuário sagrado, no Senhor, e vós, também, nele sois co-edificados para serdes uma habitação de Deus, no Espírito." (Efésios, 2:21 e 22)*

O prédio de uma sociedade espírita não deverá fugir aos padrões usuais das construções de alvenaria existentes na comunidade.

Sua arquitetura poderá acompanhar as linhas tradicionais, ou atender aos aspectos modernos, segundo o gosto e preferência de seus associados, observados, porém, em qualquer caso, os aspectos de nobreza e sobriedade.

Entretanto, toda e qualquer instituição cristã deverá se apresentar sem ostentações arquitetônicas desnecessárias, resguardando a simplicidade, quer dizer, o bom gosto somado à discrição, à harmonia e à segurança.

Quase sempre integramos de forma unilateral uma sociedade espírita, visualizando-a externamente com suas construções físicas – auditório, salas, corredores, escritórios e demais acomodações –, não dando a devida importância a suas construções invisíveis.

Na maioria das vezes, não registramos claramente a influência benéfica que assimilamos, automática e inconscientemente, no contato com a mensagem inarticulada que paira sobre suas dependências.

O amor dirigido às pessoas, o hábito saudável e cotidiano da prece, a tarefa do intercâmbio espiritual socorrista, a divulgação da Boa Nova, o serviço do passe e a relação de fraternidade ali desenvolvida impregnam as paredes físicas de substâncias curativas, além de aumentarem as possibilidades de uso de recursos tecnológicos utilizados pela Espiritualidade Maior em benefício dos frequentadores.

Somos atingidos sem interrupção por forças energéticas extremamente fortes e positivas, oriundas de nosso intercâmbio com a invisibilidade na Casa Espírita.

Portanto, o Centro Espírita Cristão eleva-se e ultrapassa os limites físicos, demonstrando assim sua transcendência, pois atinge as instâncias superiores do amor e do conhecimento.

Educandário de Luz – favorece o raciocínio lógico aliado ao bom senso, bem como o enobrecimento da intelectualidade, proporcionando às mentes o conhecimento superior.

Oficina da Caridade – fornece agasalho, roupas, farnéis, remédios, alimentando e protegendo os que vivem na penúria e na nudez.

Farmácia da Alma – promove a cura aos doentes do corpo, mas estabelece, acima de tudo, as metas para não mais adoecerem, revigorando-os com os ensinamentos espirituais.

Biblioteca Abençoada – proporciona ambiente adequado e tranquilo à leitura, à pesquisa e à análise, com livros e periódicos que regeneram e esclarecem para a Eternidade.

Estalagem Fraterna – acolhe e socorre os cansados e

desnutridos, dando-lhes guarida perante as lutas expiatórias e as dores provacionais que enfrentam.

O Grupo Espírita nos dá suporte para discernirmos e para aprendermos a viver melhor, além de nos reerguer da estagnação e da cegueira interior rumo aos planos superiores da Vida Maior.

A firme determinação diante dos postulados espíritas nos proporciona serenidade íntima para que possamos triunfar sobre as sombras que nos envolvem há séculos.

As luzes espargidas por esse Templo de Amor nos favorecem a redenção de nossas almas, bem como a emancipação espiritual que tanto almejamos.

Paulo de Tarso – escrevendo numa época de superficialidade, quando os templos eram monumentos luxuosos e enormes – oferece a receita substancial aos aprendizes do Evangelho. Podemos concretizar nossas necessidades de conforto e beleza. Isso é bom e natural. Todavia, necessitamos, além disso, de algo muito mais importante: **"co-edificar em nós mesmos a habitação de Deus, no Espírito."**

Reconhecendo em nós próprios a "morada divina", também identificaremos nas estruturas íntimas de uma Casa de Jesus, tal como se qualifica um Centro Espírita, o Cristianismo Restaurado, entre as verdades sem máculas onde reina o Amor que salva, educa e transporta as almas da Terra para os Céus Infinitos.

Batuíra

29

Saber ouvir para decidir bem

> *"Quem tem ouvidos, ouça o que o Espírito diz..."*
> *(Apocalipse, 3:22)*

Inúmeras criaturas que se aproximam dos operários leais do Senhor não passam de desequilibrados faladores. É essencial prudência e vigilância, para que não transformemos a mente em vaso de entulhos e ruínas.

Nas organizações espíritas convivemos, no curso de suas atividades diárias, com companheiros que nos trazem as mais diversificadas mensagens pessoais, obrigando-nos a refletir a respeito das solicitações que nos alcançam.

Necessário é saber guiar-nos com o coração amparado pelos Planos Maiores, ligados na realidade dos fatos, e não nos influenciar pelas fantasias e queixas enfermiças.

Ouvir com habilidade é perceber a atmosfera fluídica que envolve os outros.

Usemos todos os sentidos aliados à intuição. Prestemos

atenção às palavras, ao volume e ao tom de voz da pessoa atendida. É preciso ir além da verbalização para compreender o conteúdo e a intenção do interlocutor. Às vezes, o sentimento é muito mais explícito, e, por isso mesmo, muito mais enfático do que as próprias palavras.

A capacidade mais importante na comunicação é **saber ouvir**. É interessante notar que aprendemos a escrever, falar e ler, mas quase nunca nos ensinaram a ouvir corretamente as verdadeiras intenções que envolvem as palavras.

Quando utilizamos somente a estrutura da audição, desprezando as forças sutis da alma, nunca chegamos às profundezas da percepção do espírito.

Escutar é simplesmente manter um diálogo convencional, passageiro e corriqueiro; ouvir, porém, é embrenhar-se na troca de alma para alma, em que a essência realmente age com sintonia e inspiração.

Não podemos nos esquecer de que nosso objetivo é ouvir para que, obtendo uma noção clara do que a pessoa está dividindo conosco, possamos aconselhá-la o mais corretamente possível.

É fundamental que o orientador procure entender o que está sendo transmitido, evitando argumentar, recriminar, inquirir ou dar respostas apressadas e irrefletidas.

Quem orienta deve aprender a captar tanto visual como auditivamente, controlando suas emoções e a tendência de responder antes que a criatura termine sua exposição.

Para podermos induzir uma comunicação aberta entre companheiros que nos procuram, comecemos antes de tudo, por nós mesmos. Sejamos francos e acessíveis nos contatos pessoais. Se o dirigente se fechar ou mostrar-se reservado, certamente encontrará a mesma dificuldade no comportamento do outro.

A prece, aliada à inspiração dos bons espíritos, dará o significado e a verdadeira intenção do intercâmbio verbal.

Em nossas atividades evangélicas, o êxito do atendimento depende da atenção ao que foi dito ou feito, bem como da forma como agimos e auxiliamos diante do problema relatado.

O apóstolo João recomenda a necessidade de ouvir o que o Espírito diz. Entendia que somente dessa forma é que se pode utilizar com sabedoria do silêncio ou da palavra, diferenciar com segurança a sombra da luz e separar com sensatez o joio do trigo.

A Luz do Mundo ouvia espiritualmente as situações; portanto, auxiliava sem ofender, esclarecia sem ferir, ensinava sem perturbar.

O Cristo Jesus instruía falando e exemplificando. Os homens que exclusivamente O escutavam não absorveram suas lições imorredouras; porém, todos aqueles que O ouviram em espírito e verdade impressionaram suas almas para a Eternidade e se converteram em plenitude.

Batuíra

30
Exigências incoerentes

"Realmente não consigo entender o que faço; pois não pratico o que quero, mas faço o que detesto. Ora, se faço o que não quero, eu reconheço que a Lei é boa." **(Romanos, 7:15)**

Como todas as criaturas, também os trabalhadores do Evangelho, à maneira de Paulo de Tarso, trazem dentro de si grandes conflitos.

Cada um tem experiências, capacidades, qualidades, sentimentos próprios, defeitos e antigas fraquezas. É indubitável que a humanidade ainda viva entre atmosferas de sombras acumuladas há muitos e muitos séculos. Já conseguimos admitir que, juntamente com os valores espirituais, cada um de nós carrega também inúmeras deficiências e dificuldades a serem vencidas.

No entanto, se já conseguimos perceber que todos temos áreas problemáticas a vencer, respeitemos os conflitos de nossos companheiros de seara evangélica dispostos a cooperar, atribuindo-lhes tarefas condizentes com suas virtudes, para evitar que suas lutas interiores interfiram nas decisões organizacionais da Casa Espírita.

Ao verificarmos a observação de Paulo, é necessário socorrer a nós mesmos.

Os que fazem policiamento da vida do próximo descuidam de sua conquista espiritual, que lhes cabe exclusivamente realizar.

O problema da sublimação das almas, por isso mesmo, é difícil de ser resolvido porque desviamos constantemente a atenção sobre nossas vidas para reparar e corrigir as dificuldades alheias.

O apóstolo quando proclama **"não consigo entender o que faço; pois não pratico o que quero, mas faço o que detesto"**, quer dizer: o que almeja é a jornada redentora da qual tem plena consciência, mas faz o que detesta, isto é, sente vibrações adversas que convertem o campo íntimo em zona de batalha.

Paulo conhecia a lei em profundidade, razão pela qual estava tão ciente da luta que se instalara em sua intimidade, sentindo as pelejas entre o **"homem velho"** e o **"homem novo"**.

Se o Apóstolo dos Gentios enfrentava semelhantes conflitos, sofrendo o aguilhão da dor moral, que dizer da esmagadora maioria ainda iniciante na doutrina do Cristo?

Não cabe aos dirigentes espíritas fazer tribunal impiedoso de julgamento e crítica à vida dos outros. Antes, compete-lhes conceder a este local, tempo e recursos para que possam desenvolver seus potenciais adormecidos e, consequentemente, realizar conquistas evolucionais, sem exigências incoerentes.

Se a Misericórdia Divina alcança a todos nós, por que haveremos então de reativar uma atmosfera inquisitorial em relação ao comportamento daqueles que nos cercam a existência?

Observação cuidadosa e investigação minuciosa cumprem, sim, à criatura promover, mas unicamente em si mesma. Já os outros despertarão para suas necessidades de mudança ou transformação moral, assim que estiverem preparados.

Cabe aos orientadores ampliar sua compreensão perante o grupo de obreiros espíritas com os quais trabalham e vivenciam o despertar da Vida Superior.

Lembremo-nos de que, em se tratando dos outros, poderemos cooperar, repassando-lhes o pouco que já acumulamos dos bens imortais e desejando-lhes somente muita paz sob as bênçãos de Deus. No momento aprazado, tomarão contato com a Sabedoria Divina, de onde saíram e para onde haverão de voltar um dia.

Batuíra

31
Trabalho de equipe

"Todos que tinham abraçado a fé reuniam-se e punham tudo em comum..." (Atos, 2:44)

O esforço conjunto é indiscutivelmente a senha de acesso para as realizações produtivas. Ao longo do tempo, leva os integrantes de uma mesma seara espírita a uma visão comum na ação e nas atividades.

Muitos dos operários cristãos apresentam bom desempenho no trabalho independente, mas poderão realizar melhor uma tarefa se contarem com o auxílio de outras pessoas operando em espírito de equipe.

É inerente no ser humano o gosto de se relacionar e de trabalhar socialmente com outras criaturas. O serviço confiado a uma pessoa pode ser executado com mais ânimo e desenvoltura quando em parceria com outras.

Companheiros integrados num mesmo propósito, unidos não somente por fora, mas também entrelaçados por dentro, confiantes em Deus e em si mesmos, são a força magnífica que vence as agitações externas, por maiores que sejam.

Não é coerente possuir um só elemento familiarizado com os esquemas e métodos de um departamento. Para se obter eficiência e bom desempenho no trabalho, é preciso comunicação objetiva que envolva todos e os conduza a tomar contato com as informações necessárias ao andamento normal do serviço. Além disso, trabalhar em equipe implica uma interação ativa de relacionamentos que permite ao conjunto de cooperadores saber o que os outros estão realizando, por que estão realizando e quais as metas a ser realizadas no futuro.

No entanto, não esperemos uma boa execução em equipe se os integrantes não tiverem reuniões costumeiras em local previamente destinado para tal fim e onde possam ser estimuladas as trocas de ideias, camaradagem, colaboração, renovação e compartilhamento de princípios. A família cristã, em seus muitos setores, jamais deve separar-se da vital alimentação – a influenciação dos planos superiores – que é distribuída amplamente em suas reuniões fraternas e amorosas.

Contudo, é indispensável que o líder fique atento para que as opiniões expressas não transformem o recinto em uma assembleia infantil, onde imperem os burburinhos inoportunos e os pareceres distanciados do equilíbrio e da conciliação. Para assegurarmos a presença da Espiritualidade Superior, precisamos sustentar a harmonia e a serenidade.

O fato de as pessoas trabalharem sozinhas ou em equipe é consequência da prática filosófica ou do modo de atuar do dirigente do grupo, que determina, tanto em termos qualitativos como em quantitativos, o serviço a ser realizado.

Além disso, para criarmos um bom clima organizacional, é necessário que não só estimulemos as pessoas a trabalharem juntas, como também as esclareçamos amplamente sobre os objetivos da Casa Espírita na área de ação da qual elas participam. E, na mesma proporção, levando-as à conscientização de que quanto mais troca de experiências efetuarem com seus companheiros do núcleo, mais fortes serão os vínculos entre si mesmos e com a instituição.

Não existem fórmulas especiais, porque cada reunião tem seu aspecto particular. Oportunas, no entanto, algumas sugestões que podem ser utilizadas pelos norteadores da Casa Espírita, de forma generalizada, seja nas reuniões dos círculos doutrinários, seja na área assistencial, seja em outros setores. São elas:

• criar um clima de liberdade de expressão evitando o infanticídio das novas ideias;

• estabelecer uma base fraterna para os diálogos produtivos, a fim de que a associação possa desenvolver-se juntamente com o meio ambiente social onde atua;

• encorajar a participação de todos, procurando não evidenciar defeitos, e sim estimular as virtudes em potencial do grupo;

• reorientar as opiniões que se baseiam unicamente em características individualistas, sem nenhum proveito para os interesses coletivos;

• conhecer os limites de sua própria autoridade, e agir de acordo com eles;

Por fim, convidamos os companheiros da lida espiritual a oferecer a si mesmos método e concórdia, técnica e perseverança, acreditando fervorosamente que Jesus sempre tomará providências para que nada nos falte na Obra do Evangelho.

Trabalhemos confiantes. Entreguemos a direção geral do núcleo ao Mestre Divino, a "Videira de Luz", pois somente

Ele possui os recursos suficientes para conduzir, fortalecer e orientar a todos nós, inclusive para restabelecer a ordem das nossas tarefas, quando for preciso.

Batuíra

32
Na área social

"... Eu sou o pão da vida. Quem vem a mim, nunca mais terá fome, e o que crê em mim nunca mais terá sede." (João, 6:35)

A assistência social é um meio, não o objetivo principal a que se propõe a tarefa espírita.

Necessária e valiosa é a comida e a vestimenta para acalmar os sentidos fisiológicos; no entanto, magnífico e excelso é o suprimento que atende às necessidades do espírito imortal.

Muitos advogam que a criação e a manutenção de obras sociais competem unicamente ao Estado. Outros acreditam, de forma radical, que os objetivos do movimento espírita devam assentar-se na assistência social, esquecendo que a Doutrina proclama como primordial a educação das almas, e não apenas e simplesmente a sustentação do corpo, que é perecível. Para este o prato de sopa é muito bem-vindo, sem dúvida, mas a alma aspira ao verdadeiro **pão da vida**.

A Seara do Bem envolve diversos trabalhos em benefício dos carentes do corpo e da alma. Pode parecer, no entanto, que as necessidades essenciais e imediatas residam no corpo denso, mas, na realidade, encontram-se no íntimo das criaturas.

Não basta construirmos lares ou abrigos que fazem do prato nutriente, da perpetuação da espécie e da maneira simplória de ver a vida as únicas razões da existência humana. Urge, sim, estabelecermos noções de valores imortais e bases educacionais para preparar as almas para a grandeza espiritual a que estão destinadas.

Toda congregação espírita na Terra tem como finalidade maior esclarecer pelo estudo, promover o amadurecimento emocional pelo trabalho e desenvolver as virtudes em potencial. Eis a atividade prudente e prioritária dos aprendizes do Evangelho.

A ação caritativa e a boa vontade do Movimento Espírita prestam inestimáveis serviços à sociedade e ao Estado, conquanto não devam assumir de maneira simplista e com espírito salvacionista as funções do serviço social, que cabe à administração pública.

A solidariedade pode surgir como anseio da alma, acompanhada das seguintes características:

- responsabilidades abandonadas em existências passadas;
- despertamento devido a uma nova visão do mundo e das pessoas;
- terapia salutar para superar problemas e conflitos;
- problemas de consciência por estar vivendo no fausto e na ociosidade;
- felicidade em servir voluntariamente.

O companheiro interessado em ingressar no celeiro do alimento celeste deve buscar, antes de tudo, a sua iniciação espiritual.

Por iniciação, devemos entender o **início na experiência da verdade sobre si mesmo**. Ao buscarmos o alimento invisível em nossas potencialidades divinas, poderemos produzir por nós mesmos o pão da vida e reparti-lo com nossos companheiros de jornada.

Somente uma criatura iniciada poderá realmente induzir os outros à busca ou produção do próprio alimento.

Não devemos esperar que as organizações governamentais venham realizar a tarefa que compete ao Espiritismo, ou seja, levar a toda a humanidade a mensagem de Jesus Cristo, através de Kardec, a fim de que **nunca mais as almas tenham fome ou sede**.

Todavia, enquanto o poder público não conseguir eliminar os horrores da miséria, é justo que cooperemos com o pão material em nossos empreendimentos assistenciais.

Tomemos o cuidado, porém, de não manter nossos assistidos tão dependentes e retrógrados quanto no primeiro dia em que puseram os pés no grupo de auxílio. Sem estudar, sem progredir, sem alargar a visão diante da vida e da sociedade. E nada fazendo para aprender a buscar por si mesmos a completa saciedade: a pérola no fundo do mar[1], o tesouro oculto no campo[2], o grão de mostarda[3] – **o Reino de Deus**.

Batuíra

---

[1] *Mateus 13: 45 e 46.*
[2] *Mateus 13: 44.*
[3] *Mateus 13: 31 e 32.*

33
Ideal
comum

"Há... diversos modos de ação, mas é o mesmo Deus que realiza tudo em todos. Cada um recebe o dom de manifestar o Espírito para a utilidade de todos."
(1 Coríntios, 12:6 e 7)

Os modernos métodos de gerenciamento recomendam que cada um dos componentes de uma empresa devem ser tratados e respeitados como um ser individual e especial. Esses métodos revelam que nos cenários organizacionais tudo o que se produz está estritamente relacionado com os feitos de todo o grupo. Portanto, para cooperarmos beneficamente em uma sociedade espírita é preciso lembrar-nos de que cada obreiro tem uma fórmula própria de veracidade.

A diversidade dos modos de ação é saudável. Sem jamais perder a visão comum da integração mútua e dos ideais superiores, encorajemos cada membro de nossa equipe a atuar conforme suas aptidões, em vez de tentar convencê-lo a produzir como outra pessoa.

Com a homogeneidade todos agirão tão iguais que a originalidade do grupo se atrofiará. Cada companheiro no serviço ativo espírita faz parte de um conjunto de peças, desiguais porém interdependentes, que necessitam funcionar em harmonia para que se alcance o objetivo pretendido.

Semelhança de ideias e pensamentos fará com que o cotidiano fique monótono por causa do enorme marasmo que se estabelece. Virá o definhamento, que levará o grupo à trivialidade desgastante.

Toda equipe é formada por uma ampla diversidade de caracteres e, seguramente, essas combinações de talentos e capacidades impulsionarão a tarefa por diferentes motivações e diversos estímulos.

A oportunidade do líder do grupo é moldar a multiplicidade de aptidões em um efeito produtivo, com o qual cada membro consiga se identificar e, ao mesmo tempo, unir-se aos trabalhos do bem comum.

Por outro lado, para se conseguir sucesso nos labores da Casa Espírita é preciso que todos tenham uma visão claramente definida, apesar das particularidades individuais.

Denominemos essa visão clara como a **evidência da missão** ou do propósito almejado. Por isso devemos observar com atenção nossa meta ou linha comum, nas várias obrigações a cumprir, além daquela primordial: a melhora íntima ou a transformação interior.

Há a missão do irmão que se consagra às crianças ou às mães carentes; a disposição do companheiro que se propõe a recolher e amparar os doentes; o compromisso daqueles que abraçam as atividades relacionadas aos velhos ou aos jovens. A cooperação bendita de quem se converteu em divulgador do bem e o envolvimento abençoado dos que socorrem os espíritos infelizes através de sua instrumentalidade mediúnica.

A evolução é escada infinita. Não queiramos que os outros enxerguem a vida através de nossos olhos.

Se a unidade espiritual é serviço básico da paz, não nos esqueçamos de reforçar e definir obrigações e responsabilidades. Aqui está a importância de **evidenciar a missão** declarando os **"diversos modos de ação, mas é o mesmo Deus que realiza tudo em todos"**. São muitas as rotas para o Reino dos Céus.

É imprescindível o **ideal comum**, porém os dons diferem. A inteligência se caracteriza por diversos graus e a capacidade é fruto do esforço constante. **"Cada um recebe o dom de manifestar o Espírito para a utilidade de todos."**

Batuíra

34
Aqueles que desertam

" De fato, é de perseverança que tendes necessidade, para cumprirdes a vontade de Deus..." **(Hebreus, 10:36)**

Perseverança cristã abrange um estado de maturidade ou evolução vivenciado nos setores vitais da existência da alma: o social, o físico e o espiritual. Essa vivência permite-nos assumir as mais diversas responsabilidades diante da vida. A maturidade física seria apenas um setor, pois apenas se refere à integridade do organismo denso, porém não basta para traçarmos um verdadeiro perfil de maturidade evolutiva.

Companheiros inconstantes e vacilantes assemelham-se às ondas do mar: são arremessados pelos ventos da instabilidade e atirados de um lado para outro. Desenvolveram-se fisicamente, mas continuam ainda infantilizados quanto aos compromissos com a lide do Senhor. Não compreendem a importância da hora que passa e, sem firmeza, recuam ante os desafios do serviço. Não possuem fibra nem pulso forte.

Na Casa Espírita, se a maioria procura agir entre a perseverança e a responsabilidade, alguns se esquecem com facilidade de seus postos de trabalho, nos quais se comprometeram a servir.

O núcleo de trabalho em sua estrutura ideológica introduz nos seus adeptos um modelo de crescimento. Ele propõe basicamente três itens: – uma noção de onde nos encontramos; um ideal maior para onde deveremos ir; e um caminho de excelências que nos leva do primeiro para o segundo. Em todos os itens, a principal ocupação é a melhoria e o aprimoramento da nossa condição evolutiva. O crescimento dos obreiros consiste em sua autodeterminação, ou seja, sua permanência na senda que leva ao item final.

Certamente, em todas as áreas do serviço cristão, a troca frequente de experiências é muito saudável. Mas o raciocínio baseado na concorrência pode se tornar bastante danoso e perturbador.

Seria razoável, portanto, que, antes de tomarmos qualquer decisão de retirar-nos da obra, consultássemos o grupo, ou o seu dirigente, visto que seria deselegante de nossa parte desistir sumariamente, sem dar qualquer satisfação. É compreensível a desistência, mas os bons modos são imprescindíveis.

Ninguém poderá se esquivar da parcela de empenho e vigor que lhe cabe na obra de aperfeiçoamento próprio. Quando Paulo recomendou a persistência, tornava claro o longo caminho dos que procuram as culminâncias da elevação espiritual.

Se dentro dessa campanha de fraternidade alguns deixam os encargos assumidos, outros passam a substituí-los. Se, no entanto, alguém se sentir sobrecarregado, não deverá esmorecer, pois em pouco tempo o Senhor encaminhará por certo outras criaturas para assumir as tarefas abandonadas.

A reciclagem na Casa Espírita é feita sempre sob os auspícios dos Benfeitores Maiores, que guiam a missão do Cristianismo Redivivo. O Pai dispõe de inúmeros recursos para manter o bem, não faltando nunca mãos dedicadas e braços valorosos na enxada da caridade.

Por imaturidade, muitos não valorizam os postos que lhes foram confiados para o próprio reerguimento espiritual, e desertam. Amadurecimento é conquista das criaturas que já elegeram o Mestre Nazareno como guia e modelo. Essas almas adultas herdarão o Reino dos Céus.

Batuíra

35
A cura real

> *" Mas felizes os vossos olhos, porque veem, e os vossos ouvidos, porque ouvem." (Mateus, 13:16)*

A grande maioria das pessoas dirige-se à Casa Espírita em busca de curas ou de algo que lhe seja concedido sem qualquer esforço. Poucas aí comparecem com o propósito sincero de renovar valores íntimos ou de aprimorar conhecimentos; ao contrário, procuram, sequiosas, realizar seus caprichos e desejos imaturos.

A excelência da lição espírita é ensinar o homem a restituir a si mesmo a harmonia espiritual perdida. Mostra-lhe que o sintoma é sempre um efeito exterior, e que **deve ir em busca do seu interior para dissolver a causa espiritual dos desajustes**.

Sabemos que o ser humano é uma unidade anímico-biológica inseparável (matéria-espírito) e que as enfermidades são manifestações mórbidas cuja causa primeira repousa no mundo mental. Qualquer desarmonia interior transmitirá estados vibratórios deletérios que atacarão naturalmente o cosmo fisiológico.

Portanto, os dirigentes devem manter o grupo que comandam com um alto teor de entendimento quanto ao objetivo precípuo do Espiritismo, no campo das curas espirituais.

A Doutrina codificada por Allan Kardec é a precursora de uma Era Nova, não uma seita mística fundamentada nas práticas de curandeirismo.

Jesus Cristo, o Médico das Almas, curou muitos enfermos, porém tinha a intenção de não apenas regenerar o veículo físico, mas, acima de tudo, queria que os doentes dessem manutenção à cura recebida, transformando suas atitudes e ampliando a luz do conhecimento a fim de consolidar o próprio caminho.

O frequentador do Centro não pode permanecer na ignorância da Vida Maior tanto quanto estava quando ali adentrou no primeiro dia. Curar por curar, sem que o doente nada aprenda ou nada evolua, não se ajusta aos propósitos do Cristianismo Redivivo.

O ato de insistir e teimar, tentando subornar as leis divinas, é realização impossível ou projeto fantasioso. Quem quer saúde não pode envenenar a mente; quem quer paz precisa sanear as estruturas do coração. Querer que o mundo melhore em seu redor, sem nada alterar em seu mundo mental, é devaneio.

Quem quer conquistar alguma coisa precisa dedicar-se a essa aquisição com denodo e determinação.

São muitos os que buscam a alegria, caminhando na direção contrária; cabe, portanto, aos orientadores cristãos instruir e educar os aprendizes, **não sustentar-lhes a amarga ilusão da cura sem renovação**.

Criaturas buscam com frequência médiuns e conselheiros para se esquivar da responsabilidade de agir por si mesmas, quando deviam trabalhar no sentido de suprimir os padrões negativos que cultivam na intimidade durante anos a fio.

Muitos enfermos choram aflitos, percorrendo inúmeros grupos de oração, em busca de uma solução milagrosa, mas não cogitam, em momento algum, qualquer modificação em suas concepções acerca dos fundamentais valores da vida. Solicitam reequilíbrio das energias vitais, entretanto se mantêm à disposição das próprias insânias.

O Educador Celeste convoca todos os instrutores a se integrar nesse ministério de luz e esclarecimento, para que se edifique, primeiro neles e depois nos outros, o conceito da cura real e definitiva.

É necessário divulgarmos a Ciência da Luz, que nos ensina a retirar a **venda escura que ofusca os olhos e confunde os ouvidos**, para que possamos aprender a ver as causas dos transtornos e conferir-lhes os efeitos, percebendo com inequívoca consciência as raízes de tudo o que acontece em torno de nossos passos.

Batuíra

36
Entrevistas e triagens

*" Ó abismo da riqueza, da sabedoria e da ciência de Deus! Como são insondáveis seus juízos e impenetráveis seus caminhos!"(**Romanos, 11:33**)*

Em alguns círculos do Cristianismo Redivivo, essa passagem pode ser traduzida simplesmente como uma exortação à sabedoria divina. Todavia, podemos infundir-lhe uma interpretação mais extensa.

A morada da alma permanece localizada na fonte abundante de seus próprios pensamentos, pois cada um de nós vive nas dimensões do entendimento e na altura da visão espiritual que já conquistou.

Todo aprendiz da experiência humana estagia temporariamente em determinadas estradas, recolhendo ensinamentos específicos.

Consoante a sábia conceituação do apóstolo, **"são insondáveis os juízos de Deus e impenetráveis seus caminhos"**. Unicamente a Luz Universal conhece a intimidade dos indivíduos e sabe tudo aquilo que lhes convém aprender e transformar.

O abismo da riqueza de Deus contém tesouros que representam as infinitas formas de proteger e impulsionar as criaturas ao burilamento e ao progresso.

Conscientes dessas verdades, os entrevistadores (orientadores) do Grupo Espírita devem adotar uma atitude de profunda compreensão e respeito para com os entrevistados.

Nas triagens da fraternidade, o orientador deve lembrar-se de que, acima de tudo, a **finalidade principal** não é resolver o problema momentâneo ali apresentado, mas ajudar o irmão necessitado a obter independência e amadurecimento, para que aprenda a resolver outras dificuldades que possam surgir no futuro.

Cada um possui em germe a habilidade ou capacidade de decidir por si mesmo seus embaraços e equívocos; por isso, basta lhe seja proporcionada uma atmosfera de segurança baseada no amor cristão.

É ingênita a capacidade de autocompreensão, e Deus tudo pode, porém Ele espera que cada criatura se autorrealize usando sua própria vontade e cooperação.

Os orientadores, se de fato querem ajudar, não devem se preocupar em saber quem são os beneficiários, nem se prender de forma exagerada à problemática narrada, direcionando imediatamente caminhos. Na verdade, o objetivo da entrevista é compreender e valorizar o ser humano, para que ele, por si só, consiga superar seus problemas atuais, além dos outros que fatalmente surgirão no amanhã.

Quem orienta não julga, não decide, não conclui em definitivo, não determina os passos dos outros; unicamente presta assistência doutrinária com base no entendimento das leis de Deus: **O espírito só se torna infeliz quando se afasta das leis divinas ou naturais**[1].

Toda orientação espírita deve apoiar-se na **lei de causa e efeito**. Quem participa de entrevistas e triagens na seara do Mestre precisa **auxiliar as pessoas a entender profundamente o significado desta lei nos acontecimentos de sua vida**. É provável que a solução da dificuldade não esteja nos outros, mas nelas mesmas. Talvez em grande parte, talvez por completo.

Um aconselhamento jamais se mostra autoritário – que repreende e põe medo no atendido; nem paliativo – que adia e acalma temporariamente. Deve, sim, levar a criatura à compreensão das causas verdadeiras de seu sofrimento, proporcionando-lhe um grau de consciência espírita que lhe permita indagar a si própria: **qual a parte que me cabe na sucessão dos fatos que desencadearam o meu problema?**

Para que um homem obtenha saúde, é preciso que entenda a lição oculta da moléstia. Para que obtenha bem-estar é imprescindível que reconquiste a serenidade.

Quantos se adentram nas tarefas socorristas pedindo novas mensagens espirituais, sem ao menos terem seguido as recomendações de outras tantas recebidas anteriormente!...

Finalizando, repetimos a feliz expressão de Paulo: **"são insondáveis seus juízos e impenetráveis seus caminhos"**.

Nas triagens da caridade, é indispensável que os instrutores do Evangelho se conscientizem de que a melhor orientação a ser dada é aquela que ajuda nossos irmãos a ver, avaliar e ponderar por si mesmos, no santuário do próprio coração, qual o caminho a seguir ou a opção a escolher, recordando que **apenas Deus sabe de tudo em todos**.

Batuíra

---

[1] *Questão 614 de "O Livro dos Espíritos". – Boa Nova Editora.*

37
Delegando serviços

> *" Tende a mesma estima uns pelos outros, sem pretensões de grandeza, mas sentindo-vos solidários com os mais humildes..."* **(Romanos, 12:16)**

O caminho da edificação espiritual estende-se a todos.

Na agremiação espírita ninguém deve delegar tarefas com base apenas na erudição evangélica ou no título acadêmico de seus colaboradores. Uma estimativa unilateral pode ser ineficaz e infrutífera.

É claro que, ao se candidatar ao serviço da luz, o servidor precisa se comprometer com a disciplina das emoções e com a firmeza nos ensinos do Cristianismo Redivivo, esforçando-se para viver Jesus dentro de si mesmo.

Porém, tanto a perfeição plena como a imperfeição total não existem na esfera de ação em que progredimos. O iniciante, acusado por muitas pessoas como negligente e leviano, amanhã pode transformar-se em um cooperador dedicado, sustentando os alicerces da obra com esforço e muito empenho.

O excesso de responsabilidades pode sobrecarregar o líder,

levando-o a um desgaste energético desnecessário; por isso, ele deve formar assistentes capazes de agir com segurança na construção da oficina cristã.

A transferência de encargos, todavia, deve ser gradativa, pois é imprescindível que o dirigente elabore um plano de aprendizado ao novo cooperador, para formar ideia de como ele desempenhará seus novos deveres; mas é importante que ele se preocupe em não formar futuros opressores – **o poder por menor que seja, sem sabedoria, cria a tirania.**

Quem nunca exerceu cargos de direção pode, por inexperiência ou motivos outros, extrapolar os limites de suas atribuições, visto que o perigo está nas paixões profundas do homem.

Uma das responsabilidades do líder é estabelecer parâmetros para evitar esse comportamento inadequado de alguns colaboradores. É preciso que cada um possa exercer livremente as funções que lhe foram confiadas e respeite as dos outros, sem prejuízo, no entanto, da união de todos na ação grupal, em benefício da causa espírita.

Ainda examinando a questão, muitos orientadores, ao delegarem serviços ficam obstinados, espreitando todos os detalhes, ou mesmo vigiando o aprendiz para verificar se este realiza as tarefas com exatidão. Ao agirem assim, criam grandes entraves a quem inicia, transmitindo-lhe receios e suspeitas quanto a seu modo de atuação. Se o principiante tem pouca experiência ou maturidade, os dirigentes podem monitorar sua atividade, não espreitá-lo constantemente.

Na atribuição de tarefas, é preciso que elas sejam claramente definidas, pois, se não estiverem explícitas, as chances de se chegar a um resultado positivo serão quase nulas. Quando se removem dúvidas e incertezas, as pessoas se sentem mais aptas e tranquilas para desempenhar suas funções.

Diplomas e vassouras não estabelecem uma divergência humilhante, e sim ordem e distribuição de atividades coerentes para cooperadores diferentes.

Por essa razão é que Paulo de Tarso foi categórico em dizer **"tende a mesma estima uns pelos outros, sem pretensões de grandeza"**, pois o Mestre não se encontra tão-somente nas tribunas, nos jornais ou nas salas de aula, mas acompanha com certeza os que servem um prato de sopa ou realizam os mais simples serviços de limpeza.

Nos círculos de atuação que nos foi delegado, façamos o bem tanto quanto nos é possível, visto que o Divino Artesão espera que cumpramos a parte que nos cabe, executando a obra confiada em nossas mãos.

Batuíra

38
Companheiros hipócritas

> "*E ficaram de espreita. Enviaram espiões que se fingiram de justos, para surpreendê-lo em alguma palavra sua...*"
> **(Lucas, 20:20)**

Diz um antigo provérbio: **"Não há nada de nobre em ser superior a outro homem. A verdadeira nobreza está em ser superior ao que eras anteriormente"**.

Na realidade, a maioria das pessoas bem-sucedidas na organização da Casa Espírita não pensa em competição, mas constantemente se pergunta: "Estou mais próximo de minha meta hoje do que estava ontem? Estou melhorando? Como posso me aproximar de meus objetivos?"

A melhoria da qualidade de uma instituição não está no espírito competitivo, mas na convicção e no desempenho dos associados e na qualidade de seus processos criativos.

Os companheiros que se fixam em si mesmos ou em seus próprios interesses acabam desprestigiando o grupo, por serem incapazes de ver além do seu proveito pessoal. Dessa forma, os projetos de ação no bem não transcendem o imediatismo egoístico da evidência individualista.

No serviço cristão, onde engrossamos as fileiras do bem, todos somos candidatos à renovação de nossas almas. Nesse labor iluminado, Jesus Cristo comanda nossos passos na evolução.

Entretanto, onde há trabalho há antagonismo, mas para que alguém avalie com certeza e critique produtivamente a respeito de determinada empreitada, precisa relacionar a quantidade do tempo de serviço vivenciado dentro dela.

Na ânsia de comandar e dirigir, mas desgostosos por sua incapacidade para tal, muitos companheiros consolam-se atirando pedras para amenizar sua vaidade ferida.

Fomentam armadilhas sondando os insatisfeitos e inconformados, formam grupetos e, como os antigos hebreus, que escolhiam uma cabra do rebanho e sobre ela lançavam seus pecados para que os carregasse, assim também hoje em dia a artimanha do **bode expiatório** funciona de forma análoga em muitas circunstâncias na equipe de trabalho assistencial cristão.

Muitos se atiram contra os obreiros que não acatam seu comando particular, agridem os companheiros que não seguem seu catálogo pessoal e só cooperam do cume da montanha para a base.

Geralmente, a falsidade e a adversidade, a deserção e a amargura não nascem de nossos rivais conhecidos, mas justamente daqueles que durante anos se nutriram conosco do mesmo pão e nas mesmas fontes da existência.

Os maiores ataques não partem de meios estranhos, mas sim do ambiente mais íntimo, onde a crítica áspera e a inveja, a imprudência e a ingratidão invadem a mente daqueles que convivem conosco no cotidiano. O opositor mais pernicioso é sempre o amigo desajustado.

Lealdade é uma via de mão dupla. Se usarmos de engodo

e astúcia para com nossos companheiros de ideal, certamente encontraremos dentro em breve tudo isso nos caminhos da vida.

Não devemos estranhar o assédio desses irmãos transviados, se planejamos, perseverantemente, servir na Seara do Cristo.

Investirão no trabalho, acusando-nos de repressores; criticarão nossas realizações, nomeando-nos de orgulhosos; censurarão nossas interpretações evangélicas, chamando-nos de fascinados; escutarão nossas palavras de afetividade, ironizando sempre.

Não hesitemos, porém, diante do serviço do bem. Mesmo entre vibrações antagônicas, continuemos a aperfeiçoar a qualidade do serviço, tomar iniciativa e estabelecer limites com responsabilidade. Lembremo-nos de que, ante desavenças e dissensões, o tempo sempre será o mais salutar dos remédios.

Batuíra

39
Autoridade e autoritarismo

> *"...as multidões ficaram extasiadas com o seu ensinamento, porque as ensinava com autoridade e não como os seus escribas." (Mateus, 7:28 e 29)*

As organizações cristãs e o apostolado que lhes diz respeito caracterizam-se pelo auxílio fraterno, sem golpes de autoritarismo, sem gestos de condenação. Combater a ignorância e acender as chamas da esperança nas almas devem ser as metas dos que dirigem e orientam.

Quando falamos, revelamos o nosso interior, não só pelas palavras que utilizamos, mas também pelos gestos, pela inflexão ou entonação da voz. O olhar, a forma e o tom das expressões acentuam ou suavizam o sentido das frases, disseminando entendimento ou fomentando descontentamento.

Comunicando de forma impulsiva e apressada os avisos e as informações de caráter administrativo, os trabalhadores poderão desfigurar a importância de cada um deles, colocando objeções de forma oculta ou declarada.

Uma grande orquestra necessita, além da competência

de seu maestro, da cooperação e capacitação técnica de todos os músicos, para que possa executar com perfeição acordes melodiosos descritos nas pautas musicais. O conjunto depende das partes.

Por mais que Mozart nos tenha legado todo o seu talento primoroso e por mais que todos se conduzam pelas mãos do regente, que se atém à partitura, se um único instrumentista desafinar, comprometerá a execução da obra musical.

Essa analogia tem a providencial utilidade de deixar-nos cientes quanto à nossa quota de participação para o êxito da tarefa na organização da Casa Espírita. Se ocorrer problemas por conta de nossa displicência, seremos nós mesmos os primeiros a não receber os benefícios da harmonia e da fraternidade, por termos saído da sintonia mental.

O coordenador do grupo deverá efetuar e regulamentar reuniões de esclarecimento e de ajuste quanto à organização dos serviços. É importante também que saiba motivar os operários do bem, através de **estímulos externos**: ambiente de trabalho agradável e arejado, adaptação aos usos e costumes modernos, por meio de recursos audiovisuais, por exemplo, que facilitam a concentração, preces e meditações. E, da mesma forma, que consiga provocar nos servidores, por prioritários e imprescindíveis, **estímulos internos**: vontade de progredir, pensamentos elevados, autoconfiança, comunhão fraternal e busca constante de inspiração na Videira de Luz.

O bom coordenador deve enfatizar os pontos positivos do grupo, sem ignorar suas limitações e sem deixar de lado a responsabilidade e encargos de sua ação disciplinar. Deve ter uma saudável filosofia de vida para poder ajudar com otimismo, sobrepor-se ao negativismo e partir da premissa de que a cortesia e a compreensão com respeito aos erros humanos são as maiores provas de caridade e amor cristão.

Havendo necessidade de repreender alguém, que procure fazê-lo de modo reservado e cordial, usando sempre de empatia, ou seja, colocando-se imaginariamente no lugar do outro e observando como gostaria de ser advertido se tivesse cometido a mesma falta.

A autoridade de Jesus Cristo, a que se refere Mateus nesses versículos, é o poder de quem já aprendeu a unir-se aos outros, sem exigir de maneira autoritária que os outros gravitem em torno de seus passos. É o comportamento de quem ensina respeitando os outros, a fim de atingir a unidade ou união fraternal.

Para bem aconselhar, é preciso escolher o momento oportuno, utilizar termos claros e exatos, demonstrando coerência entre a orientação e a atitude adotada.

Não é possível criar qualquer analogia entre imposição e aconselhamento. Seja qual for o setor de atividades e de relacionamentos da alma humana, a política administrativa deve estar sempre aliada à autoridade moral e à brandura de sentimentos.

Batuíra

40
Instruções claras

> *"...se vossa linguagem não se exprime em palavras inteligíveis, como se há de compreender o que dizeis? Estareis falando ao vento."* **(1 Coríntios, 14:9)**

Examinemos a clareza e a direção, o modo e a firmeza das palavras, antes de pronunciá-las. Em quase todos os lugares, observamos o vozerio que dá notícias do serviço a fazer, mas não demonstra caminhos compreensíveis e prudentes.

Podemos dizer que o operário do Evangelho é o porta-voz do Cristo, e dele devemos esperar avisos salutares e seguros que espalhem benefícios infinitos.

Ao nos reunirmos a serviço da organização da Casa Espírita, façamos o possível para sermos compreendidos. Estimulemos perguntas e encorajemos discussões sobre as dúvidas comuns, a fim de garantirmos amplo entendimento.

O quadro de seareiros provavelmente poderá hesitar em pedir algum esclarecimento mais pormenorizado. Afinal de contas, por inibição ou timidez, nem todos se acham descontraídos e receptivos.

Na maioria dos núcleos espíritas deparamo-nos com trabalhadores iniciantes que duvidam de sua capacidade e vibram com uma fé acanhada e vacilante.

Desenvolvamos com o pessoal em ação um tipo de relacionamento fraterno que os deixe à vontade, evitando igualmente tratá-los com superioridade em qualquer situação. Levemos em conta que mais de uma conversa pode ser necessária para esclarecer seguramente a todos.

Não fiquemos indignados com os outros por não compreenderem logo de imediato as orientações. Talvez nós mesmos não estejamos conseguindo nos comunicar claramente.

Os aprendizes do Evangelho merecem todo o cuidado e fortalecimento nos primeiros passos na Doutrina. Sabemos que muitos se encontram decididos a servir na seara de redenção; no entanto, é bom lembrar que dar instrução e apoio é um processo contínuo: não acontece vez ou outra apenas, mas sempre, para que nos afinemos em sentimento, pensamento e ideal.

Ao fazermos perguntas iniciadas por: **para que, por que, quando, onde, quem** e **como**, os componentes da equipe em reunião terão ensejo de respondê-las uns diante dos outros, com isso beneficiando-se mutuamente. Assim, por intermédio da associação de pensamentos e da troca de ideias, a semeadura crescerá, dando frutos imediatos.

É imprescindível vigiar a palavra, porque o verbo claro renova, modifica, cria e revigora, não só quem o emite, mas também quem o recebe.

Quem fala, semeia algo no terreno da alma, e quem comanda ou dirige está fortalecendo a semeadura.

Portanto, anotemos regras básicas de conversação inteligível em nossas reuniões:

- inicie dizendo a finalidade em pauta;
- respeite o grau de entendimento dos outros;
- simplifique suas ideias;
- aceite comentários não relacionados ao assunto e use-os para chegar à finalidade proposta;
- utilize vocabulário acessível a todos os participantes.

Em muitos lugares surgem multidões que se servem de expressões não apropriadas; nós, porém, não somos convocados a usar o verbo como se **falássemos ao vento**. Em todos os acontecimentos, ao usá-lo, recordemo-nos do Cristo ao advertir: "o que sai da boca procede do coração, e isso contamina o homem".

Batuíra

41
Elogios

> *" Porque estes tais não servem a Cristo, nosso Senhor, mas ao próprio ventre, e com palavras melífluas e lisonjeiras seduzem o coração dos inocentes."* **(Romanos, 16:18)**

Se admiramos algum companheiro que se revela obreiro fiel do bem, não lhe causemos transtornos com palavras de adulação; temos abusado muitas vezes nesse sentido, construindo e repetindo frases superficiais, em situações perniciosas de lisonja.

O elogio é bom quando sai das profundezas da alma; entretanto, quando destituído de naturalidade, pode se transformar em bajulação.

Não devemos exagerar os sentimentos de admiração por alguém; sempre que demonstrarmos apreço, façamo-lo de modo franco e sereno. A autêntica estima nasce no âmago da alma, e vem sempre acompanhada de espontaneidade translúcida.

Elogiemos toda a vez que acharmos motivos verdadeiros para agradecer e cumprimentar as criaturas por seus feitos. Todavia, façamos isso demonstrando sinceridade, pois poderá ser traduzido como ato exacerbado, com real perda de importância e significado.

Louvemos os bons resultados obtidos pelos trabalhadores da associação espírita e, igualmente, a ação positiva das equipes responsáveis pelos projetos em andamento, sem jamais esquecer o nome dos integrantes que se destacaram, por terem despendido maiores esforços. A concretização de uma tarefa é como uma árvore: conta com as várias raízes cravadas na terra.

Não há dúvidas de que as pessoas gostam de ouvir que estão realizando um bom serviço; apreciam ser valorizadas. No entanto, quando o elogio é piegas, passa a ser considerado trivial e perde todo o impacto edificante que poderia causar.

Por outro lado, encontramos pessoas que, quando elogiadas, pintam um quadro tão depreciativo de si mesmas, tentando criar uma suposta imagem de humildade, que quase chegam às raias do ridículo.

Quando somos estimados, é porque as pessoas verificaram e comprovaram que temos méritos e virtudes, conquistados através dos serviços redentores; portanto, estão simplesmente constatando nosso valor. Não devemos esquivar-nos ou menosprezar-nos; aceitemos e agradeçamos tal reconhecimento com naturalidade.

Um outro problema a considerar recai sobre aqueles que se prendem excessivamente à avaliação coletiva. Criam uma atitude mental que requisita sempre mais importância e apreço, ficando presos à opinião pública. Nosso valor se encontra em nós mesmos, não no modo de ser que os outros esperam de nós. Segundo o apóstolo, esses tais (bajuladores), **"com palavras melífluas e lisonjeiras seduzem o coração dos inocentes"**. Por conseguinte, os aprendizes renovados pelo

Evangelho, apesar de respeitarem a avaliação das pessoas, devem ficar com seu ponto de vista, oriundo de sua própria consciência: santuário de Deus nas criaturas.

Paulo tinha absoluto conhecimento de que os **corações inocentes** gostariam, se possível, de conciliar todas as opiniões simultaneamente, e alertava-os sobre a impossibilidade de reunirem simpatias comuns na seara do Mestre. Prevenia-os quanto ao perigo da lisonja.

O seareiro que se encontra na tarefa edificante não espera pareceres e juízos dos outros; cumpre seu dever cristão e segue. Quem vive fascinado pelas situações de evidência nunca viverá para si e não cumprirá sua empreitada de luz, ficando somente à espera de ser realçado pelos outros.

No entanto, lembremo-nos de que, quando o elogio for sincero, beneficiará quem o recebeu, proporcionando-lhe força e ânimo incalculáveis, tanto quanto retornará à fonte emissora favorecendo-a igualmente. O cristão consciente, quando recebe elogios, busca agradecer trabalhando sempre mais.

Batuíra

42
Buscando
recursos externos

> *"...o grande Pastor das ovelhas, nosso Senhor Jesus, vos torne aptos a todo bem para fazer a sua vontade; que Ele realize em nós o que lhe é agradável..." (Hebreus, 13:20 e 21)*

A abundância das Luzes Divinas jorrará sobre nós à medida que reunirmos mais conhecimentos nas diversas sendas de colaboração e trabalho na Vinha do Bem.

O interesse constante pela instrução, pelo aprendizado e desenvolvimento de novas habilidades é de grande valia para a saúde grupal. Os integrantes da equipe não devem estagnar-se; ao contrário, precisam dilatar seus horizontes mentais através da permuta intelectual com outras pessoas.

Na oficina do Bem, a mão operosa não somente cria uma biblioteca de obras espíritas, como também, forma e sustenta, paralelamente, uma sempre atualizada coleção de outros livros de pesquisa – sempre disponíveis a todos os interessados – sobre múltiplos assuntos filosóficos e científicos, com vista a ampliar o acervo cultural de seus associados.

O material de aprendizagem deverá estar disponível para uso de todos os interessados. Além disso, devemos criar na instituição uma atmosfera de encorajamento e interesse pelo estudo das obras de Kardec e de outras tantas que atualizam e fortificam as ideias espíritas, propiciando o germe do bem.

O pessoal mais experiente pode orientar os iniciantes, ou mesmo traçar-lhes um roteiro de leitura, sugerindo-lhes, quando for o caso, a retirada de livros nas bibliotecas do município e das escolas superiores.

Não é fácil rasgar os véus que restringem a alma que busca a renovação; sem mudança ou renascimento, não haverá possibilidade de evolução espiritual.

Muitos discípulos sufocam as tendências superiores ao conhecimento mais abrangente, preferindo o rigor do convencionalismo. Somente a longo prazo, abrem o entendimento às realidades mais amplas da alma. Em razão disso, urge a necessidade de acendermos nossa luz.

É quase que impossível progredirmos ocupando-nos das luzes alheias; sem a própria claridade estaremos sob reiteradas ameaças de quedas pelo caminho.

Os operários do Evangelho podem se beneficiar consideravelmente com palestras de boa qualidade, seminários construtivos e outras tantas atividades do gênero. As chances de engrandecimento íntimo são ilimitadas, principalmente se houver também a participação de elementos de outras organizações, no mesmo grupo de atividade educativa. Esse intercâmbio de ideias será sempre útil a todos em geral e a cada um em particular.

Essa influência recíproca não apenas leva as criaturas a um diálogo franco e sincero, com total integração, como também reforça seu aprendizado, permitindo-lhes utilizar de imediato as próprias vivências em seu campo de ação.

Tornar-nos **"aptos a todo bem para fazer a sua vontade"** é a recomendação de Paulo a nós outros a fim de que desenvolvamos uma propensão à atitude mental sempre aberta. Receptividade consciente ou "abertura a um interesse constante" deve ser o lema que devemos seguir para aumentar nosso "nível cultural de base." E sem esse "nível básico" dificultaremos **"que Ele realize em nós o que lhe é agradável."**

O companheiro que se limita ao conhecimento ou à instrução é comparável às belas árvores que se vestem de flores, mas que nunca frutificam. Acredita que, por levar farnéis de pão na favela, falar mansamente e repetir sem ponderar ou questionar o que escutou na palestra ou leu na literatura, já está transformado num protótipo de virtude cristã.

Não podemos nos esquecer de que a nossa ascensão evolutiva tem como condição substancial a luz interior – adquirida através do próprio esclarecimento, da auto-educação e da transformação interior, ou seja, quando o **eu** estiver inteiramente identificado com a Divindade.

Batuíra

43
Resistindo a mudanças

*" E não vos conformeis com este mundo, mas transformai-vos, renovando a vossa mente, a fim de poderdes discernir qual é a vontade de Deus, o que é bom, agradável e perfeito." (**Romanos, 12:2**)*

Por que se resiste a mudanças? Qual o princípio que asfixia os germes de renovação que nascem em quase todos os instantes na alma dos discípulos do Evangelho?

Obviamente que não é uma condição natural da vida transformações constantes e súbitas. As ciências que estudam as funções do corpo físico definem homeostase como a tendência à estabilidade do meio interno do organismo. Portanto, a resistência à mudança é um instinto perfeitamente natural e, por isso, compreensível.

Não podemos esquecer que os costumes são instrumentos importantes e determinantes na evolução, porém só quando inspirados do fluxo da Vida Superior. Existe o lado útil das convenções, mas é preciso identificá-lo.

É hábito comum da sociedade aderir muito mais ao rigor

do convencionalismo do que se ligar às novidades elaboradas pelas revoluções sociais e morais. Os seres humanos têm medo inato do desconhecido.

Os grandes gênios da civilização ofereceram à criatura humana contribuições importantíssimas em todas as áreas do pensamento. Investigaram as leis naturais e cooperaram efetivamente com o avanço da humanidade. Abandonaram o "sábado" da passagem evangélica[1], que representa a tradição rigorosa, e adotaram a independência interior para perceber **"o que é bom, agradável e perfeito"**, conforme assevera Paulo aos romanos.

Quando o apóstolo dos gentios escreveu essa exortação, desejava dizer que a **"vontade de Deus"** regula o aperfeiçoamento da humanidade, mas é preciso que suas criaturas fiquem receptivas à marcha do progresso inspirada por Ele.

É contrassenso valer-nos do nome do Cristo para ficarmos estagnados no interior do **"edifício carcomido do passado, que não está mais em harmonia com as necessidade novas e com as novas aspirações"[2]**.

A resistência a mudança e a renovação que impera na família cristã em seus diversos setores (nas assembleias protestantes, nos templos católicos ou nas casas espíritas) têm raízes:

• na falta de amadurecimento – esquecendo que "a natureza não dá saltos", atribuímos tudo o que não conseguimos compreender à influenciação de espíritos maléficos, e procuramos o inimigo na vida exterior, quando devíamos reconhecer nossa imaturidade;

• na privação de instrução generalizada – requer-se da equipe espírita, e de cada um de nós pessoalmente, um conhecimento mais global; não apenas de um setor, o espiritual por exemplo;

é preciso integrarmos os conhecimentos e sua devida correspondência com todas as áreas da cultura vigente;

• no egoísmo – as mudanças podem ser boas para os outros, ou mesmo para todo o grupo de ação, mas, se não forem particularmente boas para nós, refutamos a elas;

• na ausência de autoconfiança – inovações exigem capacidade e novas habilidades a ser adquiridas; porém se não temos autoestima suficiente para enfrentar desafios, nós as condenamos;

• em preconceitos – é difícil nos libertarmos das correntes de preconceitos que muitos de nós reverenciamos. É necessário esperar e compreender o aperfeiçoamento natural e espaçado da marcha humana.

O Senhor da Vida concede-nos no presente mudança e renovação, para que possamos libertar-nos da ignorância do passado e adquirir conhecimentos para o futuro, rumo à ascensão espiritual.

Batuíra

---

[1] *Marcos, 2:27.*
[2] *"O Livro dos Espíritos", questão 783. Boa Nova Editora.*

44
Forças ambientais

"Graças sejam dadas a Deus, que por Cristo nos carrega sempre em seu triunfo e, por nós, expande em toda parte o perfume do seu conhecimento. Em verdade, somos para Deus o bom odor de Cristo, entre aqueles que se salvam..." **(2 Coríntios, 2:14 e 15)**

As aspirações superiores de uma instituição cristã podem ser analisadas sob vários aspectos. Um deles diz respeito às condições do ambiente físico.

As dependências de uma Casa Espírita devem apresentar um mínimo de adequação, harmonia e conforto, sobretudo em relação aos seguintes itens: espaço, ventilação, luz, temperatura, limpeza, mobiliário, utensílios e cores.

O local e o clima, quanto mais agradáveis e propícios ao trabalho, mais os obreiros irão contribuir com alegria no programa de atividades em benefício do próximo.

A energia irradiada da mente envolve não apenas as obras intelectuais, mas, igualmente, as edificações materiais. O belo e o feio, o formoso e o disforme habitaram, antes de tudo, na intimidade de quem os produziu, isto é, fizeram parte da criação incessante da vida mental.

Tomemos como exemplo as colorações luminosas da aura dos espíritos superiores: elas exercem grande e determinante impacto sobre criaturas menos elevadas; do mesmo modo, certas cores causam forte impressão ambiental com reflexos na produtividade, criatividade e estado de espírito dos integrantes do núcleo de trabalho.

Nas tarefas mediúnicas, o teor da luz empregada deve ser graduado, dando-se preferência a lâmpadas que produzam nuances agradáveis e tranquilizantes, o que facilitará as medidas assistenciais e curativas a cargo dos mentores da reunião.

Aliás, o uso criterioso das cores e suas tonalidades nas paredes, como a disposição harmônica e singela dos móveis em uma sala, facilitam os empreendimentos socorristas. Um ambiente limpo, agradável e de bom gosto, integrado de peças simples e indispensáveis, sem adornos desnecessários, é fator importante na execução dos mecanismos do Bem.

É imperioso perceber como estamos ligados energeticamente ao nosso ambiente de trabalho. Seria recomendável que indagássemos: qual o teor do intercâmbio sensorial que existe entre nós e nossa Instituição?

Os espaços físicos que ocupamos interagem muito mais do que pensamos, em nossa maneira de viver. Devemos estar cientes de que através deles atua sobre nós o princípio da interdependência. Sejam quais forem as denominações que recebem – campos eletromagnéticos, forças áuricas ou energias geofísicas –, eles sempre nos afetarão sobremaneira por meio de influenciações sutis, quase imperceptíveis.

Cabe-nos, portanto, cuidar com esmero dos elementos formadores da atmosfera que nos envolve, não apenas na lida espiritual, mas também na intimidade do próprio lar.

A auréola dos prédios ou das salas de reunião influencia fortemente todas as nossas experiências transcendentais. Embora essa percepção talvez não seja tão palpável como desejaríamos, tenhamos a certeza de que é tão verdadeira como o ar que respiramos.

Para reforçarmos a saúde ambiental na comunidade de trabalho fraterno à qual pertencemos, é aconselhável a formação de um jardim, o cultivo de plantas. Nossa relação com a circunvizinhança provoca influência recíproca: a sanidade de um setor repercute em outro.

Nossa ligação com os vegetais está enraizada nas bases primordiais de nosso psiquismo. Faz parte da nossa origem evolutiva; do desenvolvimento do princípio inteligente pelas vias da Natureza.

Plantas no Núcleo Espírita, além de estreitar ainda mais nossos vínculos com a Natureza, nos dão a oportunidade de cuidar de coisas vivas e de cooperar com as obras da Criação. Elas nos ajudam, interna e externamente, a obter uma atmosfera de equilíbrio, proporcionando-nos beleza e vigor.

Na exortação do grande apóstolo **"...expande em toda parte o perfume do seu conhecimento..."**, é preciso identificarmos a simbologia da **fragrância do conhecimento superior** como sendo a emanação volátil que se desprende do mundo íntimo de todos os dedicados e sinceros estudiosos dos ensinamentos do Cristo Jesus.

Mentes sadias impregnam de aromas agradáveis os recintos ou os santuários, consolidando condições climáticas que criarão bem-estar e alegria de viver. Nós é que construímos nosso domicílio do bem ou do mal, conforme a projeção de nossos pensamentos.

Edificações mal iluminadas, relaxadas e caminhando para a

ruína física denotam desleixo do mundo íntimo de seus administradores e cooperadores.

Se os integrantes de um grupo a serviço do Evangelho cultuam o próprio templo da alma, reformando sempre que for preciso sua casa mental, essa **atitude de reconstrução ativa** se reflete exteriormente em cuidados especiais com a agremiação espírita à qual pertencem, como: conservação, apreço, zelo, capricho e estética singela.

"Em verdade, somos para Deus o bom odor de Cristo, entre aqueles que se salvam...", quer dizer, devemos nos esforçar para receber as influências que emanam do Criador, hauridas da Seara Espírita, e agir para que as forças ambientais revitalizantes favoreçam não somente a nós mesmos, mas todos aqueles que conosco mourejam nos campos da Cristandade.

Batuíra

45
Princípios unificadores

" Se dissermos que estamos em comunhão com ele e andamos nas trevas, mentimos e não praticamos a verdade. Mas se caminhamos na luz como ele está na luz, estamos em comunhão uns com os outros..." (1 João, 1:6 e7)

Inumeráveis aprendizes da Boa Nova agarram-se às dificuldades de toda espécie na província nebulosa da desunião e da discórdia.

Os obstáculos no campo de serviço efetivamente são enormes e reclamam grande esforço dos beneficiários da Doutrina Espírita, os quais, para não perderem a oportunidade de trabalhar em favor da própria redenção, devem começar proporcionando um clima de harmonia e união na Casa Espírita da qual participam.

A cada discípulo cabe vigiar seu campo de ação, valorizando seu aprimoramento espiritual, não se esquecendo, porém, de cooperar para que a harmonia e os vínculos afetivos se fortaleçam entre os aprendizes do Evangelho.

Contudo, não somente quem dirige, mas também os dirigidos devem elaborar normas de procedimento, que se expressarão por luz a guiar-lhes as metas no serviço esclarecedor.

Denominam-se **normas de procedimento ou princípios unificadores** as atitudes ou as maneiras de comportarmo-nos perante os conflitos grupais, ou critérios básicos que nos nortearão diante das dissidências. Salvaguardam acima de tudo o movimento corporativo ao qual pertencemos.

Essas normas de união devem ser apreciadas e estudadas por todos, pois ensejam possibilidades importantíssimas para que o grupo aja nos momentos de crise com análise e raciocínio. Isso permitirá identificar com antecedência o resultado das próprias ações.

Nas grandes empresas econômicas, esses princípios abordam as questões da segurança no trabalho, admissão e readmissão de funcionários, produção/estoque, política salarial e tantas outras.

Obviamente, nas assembleias cristãs, as normas fundamentais estão inseridas no Evangelho do Cristo. Não podemos fugir da chama do amor e do perdão, mas existem outras providências a ser tomadas que podem nos ser úteis e servir de base no campo de trabalho, desde que observemos os seguintes princípios unificadores e essenciais:

• Não reagir precipitadamente às críticas dos outros; ao contrário, analisá-las com calma, utilizando coerência de raciocínio e separando o que tem realmente valor daquilo que é apenas expressão destrutiva do personalismo;

• Exercitar o autocontrole para não se ofender e se ressentir com facilidade, evitando também trocar constantemente de grupo, porquanto tal comportamento pode ser fruto do orgulho ou de hostilidades inconscientes. O homem inteligente, através do contato com seus semelhantes, retira experiências e ensinamentos valiosos para seu progresso espiritual;

• Ser participativo nas relações com os companheiros; a comunicação espairece a casa mental, estabelecendo uma corrente de ideias que torna a criatura vivaz e atualizada;

• Saber observar as experiências dos outros sem qualquer intenção de investigar a vida deles; mas retirar o máximo de entendimento com a vivência alheia, com o objetivo de abrir horizontes mais vastos no próprio mundo interior. Aprender igualmente a não se enaltecer diante dos desacertos do próximo ou retrair-se perante o êxito ou sucesso alheio;

• Estudar e ler habitualmente; aperfeiçoar o desenvolvimento intelectual, frequentando cursos, palestras e seminários, propiciando um campo maior à lei de progresso que a todos anima;

• Cultivar a independência, mas aceitar a liderança da equipe, respeitando a hierarquia. O fato de pensarmos livremente não deve anular a realidade de que estamos subordinados a um quadro de diretores na organização da Casa Espírita.

Se caminhamos na luz como Ele está na luz, estamos em comunhão uns com os outros. Existe uma reciprocidade nos caminhos da revivificação em Cristo. Estar com Ele é estar na Luz, porque O Mestre é a Luz do Mundo e, consequentemente, estamos em comunhão e unidade com os outros, que, por sua vez, também se ajustaram na mesma claridade e sintonia.

Segundo o apóstolo João, somente acontece a comunhão entre os aprendizes sinceros quando se estabelece ligação profunda em torno dos ensinos cristãos.

Aperfeiçoar a compreensão é relacionar fatos e associar dados, reagrupando-os e coordenando-os de forma lógica, a fim de se tirarem as melhores observações das ocorrências.

Busquemos, pois, o equilíbrio no Modelo Divino e, nos servindo desses referidos **princípios unificadores,** permitiremos o aprimoramento de nossas conclusões no círculo de relação e de ação onde atuamos.

Batuíra

46
Equipe juvenil

> *"Não repreendas duramente um ancião, mas admoesta-o como a um pai; aos jovens, como a irmãos; ... com toda pureza". (I Timóteo, 5:1 e 2)*

Na Terra, a mocidade simboliza a metade do percurso entre a infância e a madureza. Na adolescência, surge nos jovens um conjunto de transformações morfológicas e psicológicas que se traduzem num despertar de novas energias antes adormecidas.

A própria índole juvenil impele-os a realizações diversas. Dinâmicos e arrojados, programam e concretizam sua vida profissional, afetiva, religiosa, esportiva, com participação ativa na esfera social a que pertencem ou almejam pertencer.

Na puberdade nascem forças que dão aos moços ânimo e vigor, que todos nós admiramos, além de vontade, determinação, decisão e coragem para perseverar até vencer. Mesmo quando fracassam, voltam a insistir até atingir o alvo idealizado.

Não podemos negar à juventude os encargos de responsabilidade na área mediúnica, na coordenação interna, no serviço de divulgação doutrinária, na assistência social, alegando que ela é demasiadamente arrojada. Ao contrário, é preciso aproveitar os jovens em cargos em que possam demonstrar seus valores.

Realmente, devemos aos mais velhos consideração e respeito pelo fruto da experiência acumulada no ambiente social; pela sabedoria adquirida no amadurecimento da vida familiar; pela lucidez alcançada no estudo da fé espírita-cristã; pela reunião dos princípios de compreensão, justiça e humanidade na vida diária. Contudo, não podemos esquecer que, onde o mais experiente hesita ao recordar o evento mal sucedido, o mais moço lança-se com grande animação à conquista de novos empreendimentos.

Valorizar as qualidades e virtudes da mocidade é ceder-lhe espaço na seara do Mestre.

O Núcleo Espírita depende muito dos jovens. As sementes das ideias novas, do progresso científico e de precursoras correntes de pensamento ligadas ao estudo do comportamento humano – indícios da Era Nova predita pelos Espíritos Superiores[1] – encontrarão na alma dos adolescentes terreno fértil para produzir os frutos de uma sociedade mais humanitária e evoluída.

É preciso dar aos jovens espíritas um estudo fundamentado nas obras básicas, acrescentado de noções de estética, de forma, de conteúdo artístico, para despertar-lhes o gosto pela escultura, pintura, poesia, teatro, círculo de leituras, enfim, para evocar sentimentos e habilidades que promovam seu crescimento intelecto-moral.

Devemos escolher com critério o monitor para os novos aprendizes do Evangelho. Se não for pessoa dinâmica, firme, com senso de realidade e conhecimentos sólidos do Espiritismo, além de detentora de certa capacidade pedagógica, sua ação poderá disseminar desinteresse pelo estudo e diminuir o entusiasmo e a união da equipe juvenil.

Ninguém deve ter a pretensão de ditar normas aos jovens. Eles se sentem mais tranquilos diante de um professor que nada lhes impõe; desenvolvem igualmente mais receptividade, simpatia e amizade por aquele que os conduz com espontaneidade na senda do conhecimento, nunca por indivíduos que queiram sobrepor aos outros suas ideias.

Nem sempre um ouvinte silencioso está aprendendo. O que de fato determina se a mensagem penetra na mente da criatura é seu grau de atenção, ou seja, a faculdade de raciocinar em ação. Pensar sobre algum ensinamento significa colocá-lo em trabalho mental, avaliando-o, comparando-o com algo mais, analisando-o e prevendo suas possíveis consequências e resultados. Qualquer preleção que não promova isso é considerada simplesmente um monólogo. No mínimo, precisa haver troca de ideias.

Se nosso ouvinte não quer dar-se ao trabalho de pensar, estimule-o, fazendo perguntas, motivando seus sentimentos e emoções; despertando sua mente da inércia e colocando-a em atividade.

Não existem "frases mágicas" nem "palavras certas" para o bom desempenho em sala de aula. Do professor, basicamente, requer-se: observação do grau de convicção dos alunos a respeito da matéria do dia, domínio e certa vivência do assunto intelectual a ser tratado, lógica aliada ao bom humor, informações concretas e interpretações com exemplos claros.

O apóstolo da gentileza, escrevendo aos fiéis em geral, solicitava que tratassem os **"jovens como a irmãos"** e **"com toda pureza"**.

Ele sabia que a puberdade é a última etapa do crescimento em que os adultos exercem papel predominante e ativo na orientação dos adolescentes. Por isso, recomenda tratá-los com fraternidade e pureza, ajudando-os com muito amor e respeito, para que tenham uma vida melhor; ao mesmo tempo, proporcionando-lhes oportunidades para se realizarem em todas as áreas da atividade humana, inclusive na lavoura da Cristandade.

Os moços são velhos espíritos que renascem com capacidade própria de sentir e pensar, empreender e construir. Todos nós somos filhos emancipados da Criação, buscando a Vida Abundante.

O excesso de zelo e de receio em confiar atividades à juventude no Centro Espírita pode influenciá-la de modo negativo em sua autoestima, desestimulando-a da obra do bem comum.

Batuíra

---

[1] *"O Evangelho Segundo o Espiritismo", cap. 1 – ítem 9. Boa Nova Editora.*

# 47
O poder de síntese

> *"Os guardas, então, voltaram aos chefes dos sacerdotes e aos fariseus e estes lhes perguntaram: Por que não o trouxestes? Responderam os guardas: Jamais um homem falou assim!" (João, 7:45 e 46)*

Ao estudarmos a mensagem libertadora nos domínios doutrinários do Espiritismo, encontramos em "O Livro dos Médiuns" a seguinte orientação de Kardec:

"Os Espíritos superiores se exprimem de maneira simples, sem prolixidade; seu estilo é conciso, sem excluir a poesia das ideias e de expressões, claro, inteligível para todos, e não exige esforço para ser compreendido; têm a arte de dizer muitas coisas com poucas palavras, porque cada palavra tem sua importância".[1]

Oradores e escritores espiritualmente saudáveis mantêm relacionamentos sociais harmônicos; pois ninguém desenvolve um intercâmbio benéfico com os semelhantes sem simplicidade e sem uma certa capacidade de expressão. A linguagem extensa e verbosa muitas vezes esconde a pretensão de querer passar por profunda e extraordinária, mas não atrai nem cria vínculos de aprendizagem.

A manifestação escrita ou falada é uma arte. Faz com

que as pessoas compreendam sem trabalho ou esforço, antes com facilidade e prazer, o que se leu ou se escutou. Ao mesmo tempo, leva-as a desenvolver crescente interesse pela reflexão do conteúdo em pauta.

Há exibicionismo no vestir, no falar, no escrever, no possuir, em se abraçar certas ideologias e, até mesmo, em realizar hipotéticas tarefas ditas **"cristãs"**.

Muitas vezes não percebemos o disfarce de certas pessoas vestidas humildemente para se exibir, através de uma modéstia estudada, nos meios de comunicação. Em outras circunstâncias, não entendemos a autenticidade de criaturas que se apresentam com elegância e com joias valiosas divulgando o Evangelho de Jesus.

Diz Kardec que os pseudo-sábios usam uma linguagem presunçosa, procuram demonstrar um enorme conhecimento e nunca confessam sua ignorância sobre aquilo que desconhecem. Se não são escutados com admiração e elogios, retiram-se imediatamente.

Quando se expressam, são exclusivos e absolutos em suas opiniões, acreditando que só eles têm o privilégio de reter a verdade absoluta. Procuram chamar a atenção das pessoas ou dar exagerada importância àqueles de quem desejam retirar benefícios pessoais ou usufruir privilégios.

Há palavras grafadas ou verbalizadas que nos levam inicialmente a um deslumbramento, para depois percebermos sua inutilidade. Assim também ocorre com certas preleções: cheias de frases redundantes, porém necessitadas de ideias edificantes ou instrutivas.

O verbo iluminado do Cristo trouxe à Terra, sem alarde, a sincronia da sabedoria e do amor como metas preciosas a ser atingidas para que alcançássemos o reino de Deus.

O poder de síntese da mensagem das Bem-Aventuranças de Jesus gravou para sempre no coração dos seus discípulos uma declaração iluminada que indica o caminho para os Céus, numa eloquência jamais vista pela humanidade.

Discursos retumbantes somados a magnífica literatura muitas vezes não ecoam a simplicidade das palavras de vida eterna. Em nada nos acrescentam, não nos desenvolvem o raciocínio nem nos ampliam o sentimento; somente nos distraem a mente por alguns momentos.

Palestras úteis nos levam a compreender o lugar onde estamos, perceber para onde caminhamos e por quê. Elas nos proporcionam uma perspectiva geral de tudo aquilo que nos dá um sentido existencial e um mapa mental que nos guiará ao significado de nossa tarefa na vida.

"...Responderam os guardas: Jamais um homem falou assim!" A forma de expressão dos Espíritos Iluminados é inconfundível. "... seu estilo é conciso, sem excluir a poesia das ideias e de expressões (...) têm a arte de dizer muitas coisas com poucas palavras..." **O que poderia melhor definir o Sermão do Monte**?

Elevemos a fronte para o alto e guardemos conosco as palavras do Mestre. Nelas está contido o programa de elevação divina feito para os aprendizes sinceros do Evangelho.

Batuíra

---

[1] *"O Livro dos Médiuns"* – 2ª parte, cap. XXIV, nº 267/9º. Boa Nova Editora.

Índice dos principais temas

Tema ....Capítulos

ADOÇÃO.........................20

AMADURECIMENTO............08, 24

APRENDIZADO...................06, 17, 27

ARQUITETURA...................28, 44

ATRIBUIÇÕES 30, 37

AUTO-ACEITAÇÃO..............16, 20

AUTOCONSCIÊNCIA 01, 05, 08, 28, 32

AUTOESTIMA 13, 19, 22

AUTORREALIZAÇÃO 26, 31

AUTORIDADE 25, 39

COMPETIÇÃO 02, 38

COMUNICAÇÃO 03, 29, 40, 47

CONHECIMENTO 32, 42

CONTRADIÇÕES................30, 40

CONVENCIONALISMO 42, 43

CRÍTICA 02, 30, 38

CURA...............................12, 35

DEPENDÊNCIA 19, 22

DESAFIO...........................18, 27

DESILUSÃO 22, 23

ELOGIOS...........................10, 41

ENTRELAÇAMENTOS 31, 45

ENTREVISTA 29, 36, 40

EQUIPE.............................31, 33, 46

ESPONTANEIDADE..............40, 41, 46

EVOLUÇÃO 07, 15, 47

EXPECTATIVAS...................07, 23

FELICIDADE 01, 16

FRACASSO 27

HARMONIA 17, 45

Tema	Capítulos
ILUSÃO	12, 22, 23
IMATURIDADE	23, 34
INDEPENDÊNCIA	24, 36
INFLEXIBILIDADE	07, 39
INSEGURANÇA	03, 19
INTERDEPENDÊNCIA	31, 39
INTUIÇÃO	03, 29
JULGAMENTO	25, 30
LEALDADE	02, 38
LIBERDADE	21, 24
LIDERANÇA	02, 25
LIMITES	21, 37
MEDIUNIDADE	03, 05
MOCIDADE	46
NORMALIDADE	15
OBSESSÃO	11, 18
OPINIÃO ALHEIA	10, 14, 25
ORGANIZAÇÃO	44, 45
PARALISAÇÃO	09
PARCERIA	31, 33, 46
PERDÃO	19, 22
PERFECCIONISMO	09, 15
PERSEVERANÇA	16, 34
PONTOS FRACOS	06, 12
POSSESSIVIDADE	07, 21
RENOVAÇÃO	35, 42, 43
SANTIDADE	15
SAÚDE AMBIENTAL	28, 44
SAÚDE ÍNTIMA	06, 11, 35
SEXUALIDADE	16
SINGULARIDADE	14, 33
SÍNTESE	40, 47

Tema – Capítulos

SOLIDARIEDADE 13, 32
SOFRIMENTO.....................04, 08, 17
SUCESSO 27, 41
SUICÍDIO 04
TÉDIO 26
TIMIDEZ 03
TRAIÇÃO CONJUGAL 19
TRISTEZA 17, 22
UNIÃO.............................33, 45
VAIDADE 10, 21, 23
VULNERABILIDADE............06

AMAR TAMBÉM SE APRENDE
- CAPA DURA

14x21 cm | 144 páginas
Filosófico/Relacionamentos
ISBN: 978-85-99772-99-7

Acredita-se erroneamente que a atual "forma de amar" sempre existiu em todas as épocas. Mas o "conceito ou a maneira de amar" da contemporaneidade não existiu desde sempre. Por essa razão, precisamos nos conscientizar de sua historicidade, ou seja, do conjunto dos fatores que constituem a história de um comportamento, de uma atitude. Assim como todos os povos elegem suas tradições, também constroem suas maneiras de amar.

Condições especiais para pagamento, fale com nossos consultores.

Catanduva-SP 17 3531.4444
Sertãozinho-SP 16 3946.2450
Sao Paulo-SP 11 3104.1270

www.boanova.net
boanova@boanova.net

 /boanovaed

ESTAMOS PRONTOS
Reflexões sobre o desenvolvimento do espírito através dos tempos

Francisco do Espírito Santo Neto ditado por **Hammed**

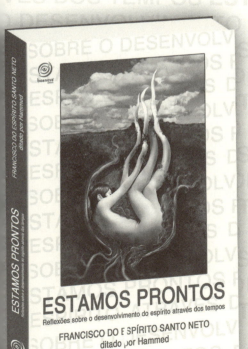

Mais uma vez Hammed apresenta um estudo esclarecedor e franco sobre as raízes da conduta humana. Diz o autor espiritual: "A moralidade nos vem naturalmente. É um equívoco acreditar que o código de valores morais do homem surgiu do nada, ou que é fruto apenas de heranças culturais, legados de antigas crenças, costumes ancestrais, tradições religiosas e filosóficas, ou mesmo de relatos mitológicos orientais e ocidentais. Foi a Natureza que criou as bases para a vida em sociedade exatamente como a conhecemos, e não o homem. O ser humano só aprimorou algo que já constava em germe em seu foro íntimo." Nesse estudo, a busca de nossa ancestralidade sob a ótica do Espiritismo e de recentes pesquisas científicas atesta o porquê de muitos de nossos comportamentos da atualidade.

Filosófico | 14x21 cm | 240 páginas
ISBN: 978-85-99772-87-4

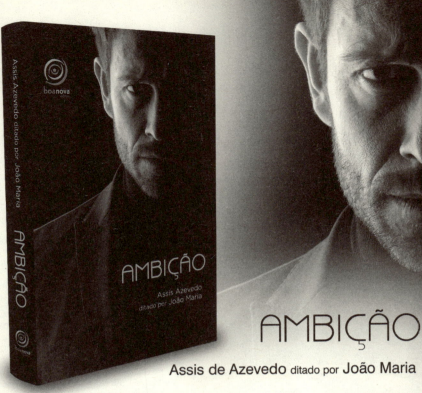

AMBIÇÃO

Assis de Azevedo ditado por João Maria

Um homem, um sonho! É possível acreditar em um mundo melhor? Em pessoas mais responsáveis? Em valores morais mais nobres? No coração de muitos, há tanta coisa represada! E nós, por questões às vezes meramente materiais, deixamo-nos envolver pelos gritos agitados que o mal alardeia ao nosso redor.

A morte de um megaempresário mexe com o mundo dos poderosos do país, inserindo nesse cenário um ilibado inspetor de polícia, que decide investigar a veracidade dos fatos. Falcão Nobre é um policial conhecido de muitos bandidos e respeitado em seu meio por sua conduta irrepreensível. Dono de sagacidade e coragem incomuns, o policial se vê então envolvido em uma conspiração perigosa, que pode levar um homem ao sucesso ou ao fracasso total.

Traição, egoísmo, intrigas e maledicência são alguns dos componentes que se mesclam neste livro à ambição desmedida de alguns personagens por poder e dinheiro.

Esta obra apresenta também uma reflexão sobre a condição de mudança do homem quando decide, encorajado pela fé, pela esperança e pela vontade, fazer a diferença.

Numa narrativa empolgante e em um clima de suspense, Falcão Nobre busca a verdade e, inesperadamente, ainda poderá encontrar algo que nunca imaginou: o amor.

352 páginas | Romance | 16x23 cm | 978-85-8353-036-7

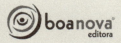

Boa Nova Catanduva-SP | 17 3531.4444 | boanova@boanova.net
Boa Nova São Paulo-SP | 11 3104.1270 | boanovasp@boanova.net
Boa Nova Sertãozinho-SP | 16 3946.2450 | novavisao@boanova.net

A FAZENDA DOS IPÊS

FLORIDES BERTUZZO

O que faz um homem ganancioso para ter poder e dinheiro? Tudo! Assim era o conde Cesare Brevegliere. Agindo de modo irresponsável, o belo e jovem aristocrata rouba e planeja matar toda a família, assim que descobre que, em suas terras, encontra-se uma mina de pedras preciosas, da qual deseja ser dono absoluto. O destino, porém, muda o rumo de sua vida, e diversos acontecimentos abatem-se sobre sua família e seus escravos, que sofrem com a "lei do chicote". O cenário de desamor, violência, chibatadas e muita morte, no entanto, contrasta com a bela e famosa "Fazenda dos ipês"

Romance | 16x23 cm | 352 páginas

Boa Nova Catanduva-SP | (17) 3531.4444 | boanova@boanova.net
Boa Nova São Paulo-SP | (11) 3104.1270 | boanovasp@boanova.net
Boa Nova Sertãozinho-SP | (16) 3946. 2450 | novavisao@boanova.net
www.boanova.net

As dores da alma

FRANCISCO DO ESPÍRITO SANTO NETO
ditado por **HAMMED**

Filosófico | 14x21 cm | 216 páginas

O autor espiritual Hammed, através das questões de 'O livro dos Espíritos', analisa a depressão, o medo, a culpa, a mágoa, a rigidez, a repressão, dentre outros comportamentos e sentimentos, denominando-os 'dores da alma', e criando pontes entre os métodos da psicologia, pedagogia e da sociologia, fazendo o leitor mergulhar no desconhecido de si mesmo no propósito de alcançar o autoconhecimento e a iluminação interior.

Os prazeres da alma
uma reflexão sobre os potenciais humanos

FRANCISCO DO ESPÍRITO SANTO NETO
ditado por **HAMMED**

Filosófico | 14x21 cm | 214 páginas

Elaborado a partir de questões extraídas de "O Livro dos Espíritos", o autor espiritual analisa os potenciais humanos - sabedoria, alegria, afetividade, coragem, lucidez, compreensão, amor, respeito, liberdade, e outros tantos -, denominando-os de "prazeres da alma". Destaca que a maior fonte de insatisfação do espírito é acreditar que os recursos necessários para viver bem estão fora de sua própria intimidade. A partir deste contexto, convida o leitor a descobrir-se no universo de qualidades que povoa sua natureza interior.

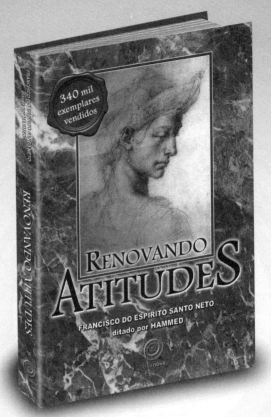

RENOVANDO ATITUDES
Francisco do Espírito Santo Neto/Hammed
Filosófico | 14x21 cm | 248 páginas | ISBN 978-85-99772-61-4

Elaborado a partir do estudo e análise de 'O Evangelho Segundo o Espiritismo', o autor espiritual Hammed afirma que somente podemos nos transformar até onde conseguirmos nos perceber. Ensina-nos como ampliar a consciência, sobretudo através da análise das emoções e sentimentos, incentivando-nos a modificar os nossos comportamentos inadequados e a assumir a responsabilidade pela nossa própria vida.